DAXUESHENG CHUANGXIN CHUANGYE
ZHIDAO JIAOCHENG

大学生创新创业指导教程

主　编 ◆ 蔡松伯　陈永清　王东晖

副主编 ◆ 江　涛　王琪琳　徐　茹　张家强

参　编 ◆ 刘　坤　王　萍

重庆大学出版社

图书在版编目(CIP)数据

大学生创新创业指导教程 / 蔡松伯,陈永清,王东
晖主编 . -- 重庆:重庆大学出版社,2021.8(2022.8 重印)
ISBN 978-7-5689-2852-6

Ⅰ.①大… Ⅱ.①蔡… ②陈… ③王… Ⅲ.①大学生
—创业—教材 Ⅳ.①G647.38

中国版本图书馆 CIP 数据核字(2021)第 128717 号

大学生创新创业指导教程
主　编:蔡松伯　陈永清　王东晖
责任编辑:文　鹏　黄菊香　　版式设计:黄菊香
责任校对:刘志刚　　　　责任印制:邱　瑶

*

重庆大学出版社出版发行
出版人:饶帮华
社址:重庆市沙坪坝区大学城西路 21 号
邮编:401331
电话:(023)88617190　88617185(中小学)
传真:(023)8861718688617166
网址:http://www.cqup.com.cn
邮箱:fxk@cqup.com.cn(营销中心)
全国新华书店经销
重庆市国丰印务有限责任公司印刷

*

开本:787mm × 1092mm　1/16　印张:15.5　字数:240 千
2021 年 8 月第 1 版　　2022 年 8 月第 2 次印刷
印数:8 501—15 900
ISBN 978-7-5689-2852-6　定价:42.00 元

当今社会科学技术突飞猛进，知识更新的速度日益加快，科技成果商品化、产业化的周期越来越短。社会经济领域日新月异的背后，都有一个共同的因素在起着重要的推动作用，这个共同的因素就是创新。当前，世界新一轮科技革命和产业变革正在孕育兴起，以科技创新、产业创新、商业模式创新、管理创新为主要内容的世界创新浪潮风起云涌，成为推动人类进步和世界经济增长的重要引擎。

21世纪，竞争和挑战将是世界的主旋律。竞争的焦点就是教育，挑战的关键是可持续发展的创新意识。"创新是一个民族进步的灵魂，是一个国家兴旺发达的不竭动力。"创新的关键是人才，人才的成长靠教育。因此，党和国家高度重视大学生创新创业教育和管理工作，要求采取切实措施，以创业带动就业。近年来，各高校在加强大学生创新创业教育、指导、服务和开展大学生创新创业实践等方面做了大量工作，也取得了一定的成效，但这些还远远不够，需要我们开拓和发展的空间还很广阔。

基于此，编者在《大学生创新创业指导》（主编：蔡松伯、王东晖、王小方；2016年8月出版）的基础上，结合自己多年的教学经验，修订并编写了本书。本书力求让大学生在高校通过系统学习、严格训练、强化提高，在思想认识、观念理念、行为举措等方面取得创新突破，增强大学生创新创业意识、引导大学生更新观念，从而充分提升大学生的综合素质，切实培养大学生的创新意识，着力提高大学生的创新能力。本书主体分为三大部分：创新和创新能力、创业和创业能力、管理和管理能力。每章节以介绍概念性知识为开端，让大学生认识和掌握知识点的基本情况；然后以课堂活动和课后思考实践等知识点来使大学生得到充分学习和锻炼。

　　本书的编写，借鉴、参考了大量创新创业与管理方面的文献资料和近几年出版的大学生创新创业方面的书籍，在此，对这些文献资料和书籍的作者表示衷心感谢。由于编者水平有限，书中难免有不足之处，敬请读者批评指正。

编　者

2021年春

CONTENTS/ 目录

第一章 树立创新意识

创新是一个民族进步的灵魂，是一个国家兴旺发达的不竭动力。当今世界的竞争，归根到底，是综合国力的竞争，实质则是知识总量、人才素质和科技质量的竞争。创新是淘汰旧的东西，创造新的东西。它是一切事物向前发展的根本动力，是事物内部新的进步因素通过矛盾斗争战胜旧的落后因素，最终发展成为新事物的过程。因此，当代大学生应该加强创新意识的培养，为建设创新型国家做出贡献。

通过本章学习，你将能够：

1. 掌握创新的内涵和原则；
2. 认识创新的目的和意义；
3. 学会如何确立创新意识；
4. 评估自己的创新意识水平。

第一节 创新的含义

一、创新的含义

距离已经消失，要么创新，要么死亡。

——托马斯·彼得斯

什么叫创新？《伊索寓言》里的一则小故事给了我们一个形象的解释。

一个暴风雨的日子，有一个穷人到富人家讨饭。

"滚开！"富人家的仆人说，"不要来打搅我们。"

穷人说："只要让我进去，在你们的火炉上烤干衣服就行了。"仆人以为这不需要花费什么，就让他进去了。

这时，这个可怜的穷人请厨娘给他一个小锅，以便他能"煮点石头汤喝"。

"石头汤？"厨娘说，"我倒想看看你怎样用石头做成汤。"于是她就答应了。穷人到路上拣了块石头，洗净后放进锅里煮。

"可是，你总得放点盐吧。"厨娘说，她给了他一些盐，后来又给了豌豆、薄荷、香菜。最后，厨娘把能够收拾到的碎肉末都放进汤里。

当然，您也许能猜到，这个可怜人后来把石头捞出来扔回路上，美美地喝了一锅肉汤。

（资料来源：伊索.伊索寓言[M].北京：人民文学出版社，2016.有删改）

如果这个穷人对仆人说："行行好吧！请给我一锅肉汤。"他会得到什么结果呢？结果是十分明显的，这就是创新思维的力量！因此，伊索在故事结尾处总结道："坚持下去，方法正确，你就能成功。"

（图片来源：经典网）

"创新"一词起源于拉丁语。它有三层含义：其一，更新；其二，创造新的东西；其三，改变。根据《汉语大词典》的解释，"创新"有"创立或创造新的"之意。从词源上分析，"创"主要指破坏，是开始"做"，"新"是刚获得、刚出现的，与"旧"对应，侧重指事物在性质上变得更好，是没有使用过的。二者联系起来，则主要指抛弃旧事物，创造新事物，具有鲜明的创造特征。

随着时间的推移和社会与文化的变迁，"创新"被赋予了不同的含义。尽管时代的烙印使其发生了改变，但万变不离其宗。从一般含义上来说，创新是淘汰旧的东西，创造新的东西。它是一切事物向前发展的根本动力，是事物内部新的进步因素通过矛盾斗争战胜旧的落后因素，最终发展成为新事物的过程。现在人们所讲的各种创新，是指对原有事物进行改革或改造，即革除原有事物中不合理和不合规律、阻碍其发展的各种因素，促进事物向好的方向发展。

二、创新的分类

从不同的角度看，创新有以下几种分类方法：

（1）按照创新的规模和影响程度，可将其划分为局部创新与整体创新。

（2）按照创新与环境的关系，可将其划分为防御性创新和攻击性创新。

（3）按照组织系统组建的过程，可将其划分为系统初建期的创新和运行中的创新。

（4）按照创新的组织形式，可将其划分为自发创新和有组织的创新。

三、创新的特征

（图片来源：朱桦绘）

创新活动有以下几个主要的特征。

（一）创造性

创新是创造性的思想观念及其实践活动。创新活动及其成果是创造性的劳动及其结晶，是前人或别人没能认识、做到或加以更好利用的；即使是同类活动及其成果，创新也意味着有质的改进和提高或实现了更好的利用。创新者应解放思想，开拓进取，勇于变革，勇于从事创造性的实践活动。

（二）高风险性

创新活动的创造性也决定了其具有高风险性。实践证明，创新是否成功以及在多大程度上获得成功，存在着高度的不确定性，因而具有高风险性。从总体上讲，获得成功并收到预期效果的创新，往往不是多数而是少数，甚至是极少数。创新一旦失败，不仅创新过程的大量投入无法收回，而且会错过发展机会，损害企业的市场竞争能力。在企业里，创新的风险主要包括市场风险和技术风险。市场风险是难于把握市场需要的基本特征以及将这些特征融入创新过程，因而创新的决策和最终结果很难说能否为用户所接受、为市场所欢迎，能否超越竞争对手。技术风险是能否克服研究开发、商品化过程中的技术难题和高成本问题，因而存在技术上能否成功的不确定性。同时，创新也存在管理上的风险。当然，创新充满风险并不是说它比守旧的风险还大。因循守旧、故步自封存在着使组织萎缩甚至被淘汰的风险，因此，只有创新，组织才有希望、生机和活力。认识创新的高风险性，充分考虑到创新成功的不确定性，其目的是要采取多方面的措施降低风险，增加创新的成功率，这是管理的创新职能所在。

（三）高效益性

创新一旦成功，就能获得极高的甚至是意料不到的效益。创新的风险高，但效益更高，创新的高效益性和高风险性呈正相关。从总体上讲，创新获得的效率和效益（经济效益、社会效益、生态效益）要大于创新的投入和创新风险造成的损失。企业的创新不仅使企业在市场上具有竞争优势，而且使它有可能在一定范围、一定时间、一定程度上处于垄断地位，获得超额利益。当然，这种地位会随技术的扩散或更高水平的创新出现而丧失。具有远见卓识的管理者总是追求不断创新。

（四）系统性

创新的系统性主要表现在：从创新的过程看，创新是涉及战略、市场调查、预测、决策、研究开发、设计、安装、调试、生产、管理、营销等一系列过程的系统活动。这一系列活动是一个完整的链条，其中任何一个环节出现失误都会影响企业的创新效果。从创新的影响因素看，创新活动受技术、经济、社会等诸多外部因素的影响。在企业内部，与经营过程息息相关的经营思想、管理体制、组织结构的状况也会影响企业的创新效果。从创新的参与人员看，创新是由许多人共同努力的结果，需要众多部门和人员的相互协调与相互作用，以产生系统的协同效应，使创新达到预期的目的。

（五）动态性

事物是发展变化的，不仅组织外部环境和内部条件在不断发生变化，而且组织的创新能力也要不断积累、不断提高，决定创新能力的创新要素也在进行动态调整。从企业间的竞争来看，随着企业创新的扩散，企业的竞争优势将会消失，这就需要不断推动新的一轮又一轮的创新，不断确立企业的竞争优势。因此，创新不是静止的，而是动态的。不同时期组织的创新内容、方式、水平是不同的。从组织发展的总趋势看，前一时期低水平的创新，总是要被后一个时期高水平的创新所替代。创新活动的不断开展和创新水平的不断提高，正是推动组织发展的动力。

（六）时机性

创新的时机性是指创新的机会往往存在于一定的时间范围内。如果人们能正确认识客观存在的时机，抓住并充分利用时机，就有可能获得创新的成功；相反，如果人们错过时机，创新活动就会前功尽弃。由于消费者的偏好不同且处于不断的变化中，同时社会的整体技术水平也在不断提高，创新的时机在不同方向上存在不同，甚至在同一方向也会因阶段的不同而不同。同时，由于创新成果的确认和保护与时间密切相关，人们只能承认和保护那些在第一时间获得确认并以专利形式表现出来的创新成果。创新的时机性特征，要求创新者在进行创新决策时，必须根据市场变化趋势、社会技术水平和专利信息状况等进行方向选择，识别该方向的创新所处的阶段，选准切入点，抢先获得创新成果。

四、创新的作用

（一）创新是企业改善市场环境的重要手段

首先，产品创新可以改善现有市场条件。因为，产品创新能加速新技术、新工艺、新材料在产品生产中的应用，能提高产品质量，更好地满足消费者的需要，从而提高产品在市场上的竞争力，改变用户对企业产品的看法。其次，创新可以形成新的市场，使企业在更广阔的市场中进行选择，因为，如果企业的创新成果能满足消费者的需要，就会给企业带来新的用户。最后，若企业创新的成果是首次进入新的市场领域，它将具有领先者的优势，能在一定程度上决定该产品的市场规模和产品价格。

（二）创新是企业生存和发展的基础

现代企业始终处在一个动态、多变、竞争激烈的环境中，要想生存和发展，且要生存发展得好，就必须改革、创新。因为社会在发展，科技在进步，产品在更新，只有创新才能赶上时代的潮流，站到科技领域的前沿，才能占领市场。

（三）创新是企业实现持续发展的重要源泉

企业持续发展是指企业不仅能在特定的条件下实现发展，而且能在变化的条件下发展；不仅能在短期内实现发展，而且能在较长的时间内实现发展。

（四）创新是企业员工提升素质和企业提高经济效益的根本途径

技术创新可以改善企业的研制条件，提高企业的研制能力，提升企业员工的基本素质，从而改进产品或设计，开发或推广新技术、新工艺，加速新工艺在企业中的应用，降低成本，提高生产效率。管理创新和组织创新可以改善企业管理、完善企业组织、重塑企业市场形象、开发企业创新人才等，从而提升企业整体实力，提高企业适应市场的能力，全面提高企业经济效益。

（五）创新是提高企业竞争力的有效方式

企业要发展，必须面对激烈的市场竞争，而要想在市场竞争中占有一席之地，必须从知识经济的要求出发，从市场环境的变化出发，不断调整自己的经营发展战略，在调整过程中不断进行创新。企业只有通过技术、管理、制度、市场、观念、战略等诸方面的创造和创新，才能适应市场运行的法则——优胜劣汰，在市场竞争中占据主动，成为竞争的优胜者。

（六）创新可以利用剩余生产能力，产生联动效应

企业由卖方市场转向买方市场，我国经济整体上呈现出供大于求的态势，不少企业的生产能力过剩，企业资源利用率低。但如果企业管理

者能开动脑筋，积极开拓，结合实际，深入了解市场，在技术上和市场经营上大胆创新，就有可能充分利用现有的剩余生产能力，生产出满足消费者需要的新产品，获得社会效益和企业效益。同时，一种产品尤其是新产品成功进入市场后，随着该产品销售量的增加，其他相关产品的销售量也会随之增加，这就是创新的联动效应。

案例分析

创新思维

美国有一间生产牙膏的公司，产品优良，包装精美，深受广大消费者的喜爱，前十年每年的营业增长率为10%~20%，不过，进入第十一年、第十二年及第十三年时，业绩则停滞下来。董事部对此感到不满，便召开全国经理级高层会议，以商讨对策。会议中，有一名年轻经理建议将现有的牙膏开口扩大1mm。总裁马上采纳了他的建议并下令更换新的包装，这个决定使该公司第十四年的营业额增加了32%。

（资料来源．《中国电力教育》2013年第27期，有删改）

该案例充分展示了创新思维中的逆向思维。通常，为了提高销售量一般都是通过投入大量资金做广告或者搞促销活动的做法来实现，而案例中则是通过扩大牙膏开口不知不觉中增大消费者对牙膏的用量，从而间接地达到代价更小、效率更高地提高营业额的目的。

辩证唯物主义认为，创造性思维就是以科学理论为指导，面对实际，敢于提出新问题、解决新问题。创造性思维的一个重要表现就是要敢于打破常规，进行逆向思维。

分析： 如果你是一名大学生村官，可以通过什么方法带领村民走上致富的道路呢？

课堂活动

内容：打破思维定式

目的：通过小游戏，让同学们打破思维定式。

要求：现在我们请12位同学上来做一个小游戏。这12位同学平均分为两队，把放在地上的两个钥匙扣捡起来，再把钥匙扣从队首传递到队尾。游戏规则是必须按照顺序传递，并使钥匙扣接触每位同学的手。现在两队比赛看看，哪一队能在最短的时间内完成这一游戏，赢的那一队可以获得一份神秘奖品。

思路：最快的方法是抛开传递的方式，把两个钥匙扣扣在一起，把手扣成圆筒状，摞在一起，形成一个通道，让钥匙扣像自由落体一样地从上往下落，既按了顺序，同时也接触了每位同学的手。

课后思考实践

1. 刁钻的订货单

一家食品店，某次接到一位刁钻古怪的顾客的订货单。订货单上写道："定做九块蛋糕，但要装在四个盒子里，而且每个盒子里至少要装三块蛋糕。"这位顾客傲慢地说："贵店不是以讲信誉闻名远近吗？如果连这点小事都办不了，今后还是把招牌砸掉算了！"

如果你是食品店的店员，你能想出办法来吗？

（资料来源：跳出思维陷阱.思维与智慧[J].2001年第12期，有删改）

2. 开关与灯的配对

有两间房，一间房里有三盏灯，另一间房里有控制这三盏灯的三个开关（这两间房是分隔开的，毫无联系）。

现在要你分别进入这两间房各一次，然后判断这三盏灯分别是由哪个开关控制的。（注意每间房只能进入一次，三盏灯均为白炽灯）你是如何做到的呢？

第二节　确立创新意识

一、创新意识的含义

创新意识是指人们根据社会和个体生活发展的需要，引起创造前所未有的事物或观念的动机，并在创造活动中表现出的意向、愿望和设想。它是人类意识活动中的一种积极的、富有成果性的表现形式，是人们进行创造活动的出发点和内在动力，是创造性思维和创造力的前提。

创新意识始于积极思维，始于提问。因此，培养大学生创新意识要注重以下几个方面：

（1）大学生创新意识的培养和确立要注重培养求知欲。学而创，创而学，这是创新的根本途径。大学生要具备勤奋求知精神，不断地学习新知识，才能在自主创新中发挥生力军作用。

（2）大学生创新意识的培养要注重培养好奇心。将蒙昧时期的好奇心向求知时期的好奇心转化，这是坚持、发展好奇心的重要环节。大学生要对自己接触的现象保持旺盛的好奇心，要敢于在新奇的现象面前提出问题，不要怕提出的问题简单，不要怕被人耻笑。

（3）大学生创新意识的培养要注重培养创造欲。大学生要不满足于现成的思想、观点、方法及物体的质量、功用，要经常思考如何在原有基础上创新发明、推陈出新，大脑里要经常有"能否换个角度看问题，有没有更简捷有效的方法和途径"等问题盘旋。

（4）大学生创新意识的培养要注重培养其质疑精神。"学起于思，思源于疑。"有疑问才能促使学生去思考、去探索、去创新。因此，要鼓励大学生大胆质疑、提出多种解决问题的方案及最佳方法。学校要从多角度培养大学生的思维能力，激励大学生创新。鼓励大学生提问、大胆质疑，是培养大学生创新意识的重要途径。提出问题是取得知识的先导，只有提出问题，才能解决问题，从而认识才能提高。一定要以锐不可当的开拓精神，树立和提高自己的自信心，既要尊重名人和权威，虚心学习他们的丰富知识经验，又要敢于超越他们，在他们已进行的创造性劳动的基础上，再进行新的创造。

创新意识的培养是一种严肃、严密、严格的创造活动，也要按客观规律办事，不能把创新意识培养简单化、表象化和庸俗化，从而降低创新精神的科学性和严肃性。大学生在培养创新意识的过程中，一定要注意树立科学的创新理念，明确创新的真实含义，既要面对现状勇于创新，又要防止把创新当时髦，把创新当成没有实质性新内涵的新提法、新名词；既要着眼于解决现有手段不能解决的问题，又要着眼于用发展的眼光、发展的思维制订解决未来可能出现的新情况、新问题的措施。

风靡全国的桌游"三国杀"，其创始人黄恺正是一位标准的大学生创业者。黄恺于 2004 年考上中国传媒大学动画学院游戏设计专业，他在大学期间就开始"不务正业"，模仿国外的桌游设计出了具有中国特色、符合国人娱乐风格的桌游"三国杀"。2006 年 10 月，大二的黄恺开始在淘宝网上贩卖"三国杀"，没想到大受欢迎，而毕业后的黄恺并没有任何找工作的打算，而是借 5 万元注册了一家公司，开始做起"三国杀"的生意。2009 年 6 月底"三国杀"成为中国被移植至网游平台的一款桌面游戏，2010 年"三国杀"正版桌游售出 200 多万套。粗略估计，"三国杀"迄今至少给黄恺带来了几千万的收益，并且随着"三国杀"品牌的发展，黄恺的收益还会继续增加。

大学生一定要注意把创新精神培养与科学求知态度结合起来，克服重创新过程轻创新结果、重创新数量轻创新质量、重一般的技术创造轻科技含量高的核心技术创新的思想。与此同时，大学生也要注意把创新精神培养与继承中华民族优秀传统文化紧密结合，"天行健，君子以自强不息"，大力弘扬以爱国主义为核心的民族精神和以改革创新为核心的时代精神，与时俱进，增强民族自信心和自豪感，增强培养创新意识的信心、勇气和能力。

二、创新意识的激发

创新意识作为一种复杂的心理活动，来源于想象力。可以说，想象力是创新的基础，没有想象力，就没有创造，善于创造就必须善于想象，特别是科学的想象力。在人类历史发展的长河里，许多伟大的科学家、发明家、思想家和艺术家都具有丰富的想象力，许多伟大的科学理论和发明创造都萌芽于想象。

爱因斯坦认为，想象力比知识更重要。因为知识是有限的、相对固定的，而想象力是知识进化的源泉，是科学研究的动力。可以说，没有想象力，就没有创新；没有创新，就没有历史的进化和人类的进步。因此，激发创新意识，发挥想象力，是促进个人、企业乃至一个国家发展的必由之路。

（图片来源：视觉·me网站）

激发创新意识，可以从身边做起，从我们已知的一切入手，如街边的路牌、途中的风景、吃饭的餐具、工作的桌椅等等。很多人都有上网购物的习惯，这不仅是积累各方知识和了解时下流行视觉趋势的好方法，无形中也丰富了我们的创意阅历，为借鉴创意种下了良好的因子。在工作中，当我们为找不出一个好的创意解决方案而挠头时，可以吸取日常工作、生活中的所见所闻，从其中的一个点或一个表现出发，借鉴其成功之处，拓宽创意思路，往往可以做出优质的创新设计。

案例分析

铁血网创始人——蒋磊

铁血网创始人蒋磊是典型的大学生创业者，16岁被保送清华，创办铁血军事网，20岁被保送硕博连读，中途退学创业。如今，铁血网稳居中国十大独立军事类网站榜首，铁血军品行也成为中国最大的军品类电子商务网站，年营收破亿，利润破千万。

时光倒回2001年，16岁的蒋磊初入清华园，电脑还没有在这个普通宿舍出现，他只能去机房捣鼓他的网页，他把自己喜欢的军事小说整合到自己的网页上，他的"虚拟军事"网页一经发布，就吸引了大量用户，第二天就达到了上百的浏览量。蒋磊很兴奋，他把"虚拟军事"更名为"铁血军事网"。

2004年4月，蒋磊和另一个创始人欧阳凑了十多万元，注册了铁血科技公司。这期间蒋磊还被保送清华硕博连读学习了一阵。2006

年1月1日，蒋磊最终顶住了家庭以及学校的压力毅然决定辍学创业，以CEO的身份正式出现在铁血科技公司的办公室里。经过12年的努力，目前蒋磊的公司拥有员工200余人，他创办的网站已成为能够提供社区、电子商务、在线阅读、游戏等产品的综合平台。截至2012年12月，网站已有1000万注册会员，月度覆盖超3300万用户，正处于稳步且高速的增长中。

（资料来源：创业家，2018年7月15日，有删改）

三、培养大学生创新意识的途径

培养大学生创新意识的途径有很多，唯物辩证法认为，"外因是变化的条件，内因则是变化的根据，外因通过内因起作用"。任何具体事物的运动、变化、发展都是内因和外因的统一。因此，探寻培养大学生创新意识的途径，需要内因与外因相结合。

首先，打破思维定式，培养怀疑精神。思维定式，又称为"习惯性思维"，是人们学习和实际生活过程中长期积累而形成的一种思维活动、经验教训和思维习惯，往往是个人经验思维、从众思维或权威思维。因为思维的定式会导致人们在实践中已有知识和经验的负迁移，没有新突破，因此，当代大学生培养自身的创新意识和创新能力要打破墨守成规、千篇一律的定式思维，采取科学的、实事求是的态度对待定式思维，培养自己的批判性思维。美国社会学家默顿把怀疑精神概括为科学研究主体的"精神气质"。怀疑精神是指人类不迷信传统、权威，不相信终极真理存在，反对教条主义和权威主义的理性批判精神，是敢于向旧思想、旧理论挑战的一种实证精神和创新品质。怀疑精神和批判思维是创新意识形成和发展的思想源泉。

其次，拓宽知识视野，完善智能结构。完善的知识和能力结构与开阔的知识视野是大学生自主创新意识形成的根基，为大学生创新意识培养奠定深厚基础，也是创新型人才培养的直接动力与源泉。

最后，提高大学生的人文素质，有助于拓宽大学生的知识视野、完善知识和能力结构，也是大学生创新意识培养的一个重要组成部分。当代大学生的人文素质的培养虽然也备受关注，但是人文素质整体水平还有待提升。人文素质应该包括文学素养、艺术修养、爱国主义精神、责任感、事业心、拼搏精神等方面，这些相关的课程可以加入学校的选修课系列中。高校要充分发挥网络、多媒体的作用，拓宽人文素质教育的空间，在课余时间，大学生自己要主动多参加丰富多彩的课外人文素质教育活动，这些办法对提高大学生的创新意识与能力，起着非常重要和不可忽视的作用。

┃ 课堂活动

内容：从多个角度思考问题

目的：通过把问题放在不同的环境中进行思考，从多个角度思考问题，你就发现新的想法。

题目：报纸的用途

要求：你能具体想象出多少种报纸的用途？越具体越多越好，请同学们试试看。

┃ 课后思考实践

举例说明你所熟知的创新小故事并说说你从中得到的启发。

第二章 激发创新思维

创新思维是人类创造力的核心和思维的最高级形式，是人类思维活动中最积极、最活跃和最富有成果的一种思维形式。人类社会的进步与发展离不开知识的增长与发展，而知识的增长与发展又是创新思维的结果。所以，创新思维比之上述思维的其他形式，更能体现人的主观能动性。

通过本章学习，你将能够：

1.掌握创新思维的定义；

2.认识创新思维的特征；

3.了解培养创新思维的意义；

4.训练自己的创新思维。

第一节 创新思维

一、创新思维的含义

创新思维是指以新颖独创的方法解决问题的思维过程，通过这种思维能突破常规思维的界限，以超常规甚至反常规的方法、视角去思考问题，提出与众不同的解决方案，从而产生新颖的、独到的、有社会意义的思维成果。其本质在于将创新意识的感性愿望提升到理性的探索上，实现创新活动由感性认识到理性思考的飞跃。

（图片来源：朱桦绘）

二、创新思维的基本原理

（一）迁移原理

迁移原理分为原型启发、相似原理、移植原理三种类型。

1.原型启发

原型启发是指根据自然界已存在的事物和现象的功能和结构，受到启发，产生新的思想、观念和技术。

锯子的发明：中国古代木匠鲁班发明的锯子就是典型的原型启发。一次，鲁班在爬山时，不小心被野草划破了手，他观察发现野草叶片边缘呈细齿状。于是，他受到叶片锋利的细齿的启发，发明了木匠用的锯子。

充气轮胎的发明：英国医生邓禄普发现儿子在卵石上骑自行车颠簸得很厉害。那时车胎还没有充气内胎，他很担心儿子会受伤。后来他在花园中浇水，感受到手里橡胶管的弹性，他从中受到启发，便用水管制成了第一个充气轮胎。

2.相似原理

相似就是根据两个相同或相近的事物，把其中一个事物的结构和原理，应用到另一个事物上。

汽化器的发明：美国工程师杜里埃认为，为了保证内燃机能有效地工作，必须使汽油和空气能均匀地混合，他一直在寻找解决这一问题的办法。他看到妻子喷洒香水，于是创造了汽化器，汽化器与喷雾器相似，这是相似原理的体现。

3.移植原理

移植是指将某一个领域的原理、方法、结构、用途等移植到另一个领域中去，从而产生新的事物和观念。它山之石，可以攻玉。

英国医生李斯特把移植原理运用到外科手术上，从而创造了手术消毒的新的工作方法，使手术获得了极大的成功。依照两栖动物的生理特点，科学家发明了水陆两用交通工具。仿照人的手掌、手指，科学家又发明了挖土机。还有如剪刀、钳子、起子、木梳等，都是仿生移植的效应。

（二）组合原理

组合很容易产生创造发明，甚至也能产生重大的创造发明。例如，我们常见的多用柜、两用笔、组合文具盒等，都是组合原理的实际运用。

美国的"阿波罗"登月计划，可谓是当代最大型的发明创造之一。然而，"阿波罗"计划的负责人曾直言不讳地讲过，"阿波罗"宇宙飞船的技术没有一项是新的突破，都是采用已有的技术。其关键在于按照系统学的原理使各部分已有技术既精确又协调地组合起来。

（三）分离原理

创造技法中的"减一减"的方法，就是基于分离原理产生的。它与组合原理是完全相反的另一个创造原理。例如，眼科专家把眼镜的镜架和镜片分离出来，发明了一种新型产品——隐形眼镜，从而缩短了镜片与眼球之间的距离，同时起到美容和矫正视力的双重作用。

（四）还原原理

还原原理是指把创新对象的最主要功能抽出来，集中研究实现该功能的手段和方法，从中选取最佳方案。通俗地讲，还原原理就是回到根本，抓住关键。例如，打火机的发明就是还原原理的具体运用，它把最主要的功能——起火，抽象出来，把摩擦起火改为气体或液体燃烧，从而突破了现有火柴的框框，获得了一大进步。

（五）相反原理

相反原理是指在创造发明的过程中，当运用某种方法解决不了问题时，改用相反的方法。在发明创造中，有时遇到一个不能解决的难题往往需要迂回或从其反面或从其侧向的途径，则能顺利地解决，这就是创造的相反原理。相反原理分为功能相反、结构相反、因果相反和状态相反四种类型。

1.功能相反

功能相反是指从已有事物的相反功能去设想和寻求解决问题的新途径，从而实现创新的思维形式。如德国某造纸厂，因一工人的疏忽在生产中少放了一种胶料，制成了大量不合格的纸张。肇事工人拼命想解救的办法，慌乱中把墨水洒在了桌子上，随即用那种纸来擦，结果墨水被吸得干干净净，"变废为宝"的念头在他的头脑中闪过，就这样这批纸当作吸墨水纸被全部卖了出去。后来又有人做了个带把的架子，把吸墨水纸装在上面，一个吸墨器就诞生了。

2.结构相反

结构相反是指从已有事物的相反结构形式，去设想和寻求解决问题的新途径的思维形式。如第二次世界大战后，飞机设计师们把飞机的机翼由"平直机翼"改为"后掠机翼"，使飞机的飞行速度由"亚音速"提高到"超音速"。

3.因果相反

因果相反是指颠倒已有事物的因果关系，变因为果，去发现新的现象和规律，寻找解决问题的新途径的思维形式。如在发明史上，奥斯特发现电能生磁，发明电磁铁。法拉第则利用因果相反原理提出磁能生电，从而发明发电机。

4.状态相反

状态相反是指根据事物的某一属性（如正与负、动与静、进与退、作用与反作用等）的反转来认识事物，从而引发创新的一种思维形式。如圆珠笔随笔珠的磨损变小而漏油，提高了笔珠耐磨性后，笔珠耐磨性问题又出现了。日本人中田"反过来"考虑这个问题：为何不把注意力放在笔芯上呢？若将笔芯的油量适当减少，使圆珠笔在磨损漏油之前，芯里的油已经用完，不就无油可漏了吗？

（六）换元原理

换元是指对不能直接解决的问题采用"替代"方法，使问题得以解决或使创新思维活动深入展开。

换元分析就是要分析事物的三个基本要素——事物、特征和量值，把不相容的问题转化为相容的问题，找出转化为相容问题的最好办法。运用换元原理就是着重研究变换规律，即如何对不相容问题中的事物进行变换，使不相容的问题转化为相容问题时应遵守什么法则。

（七）利用原理

利用专利发明进行创新思维是指创新思维者借鉴已有成果和技术，依据他人的发明专利来启迪自己智慧，从而实现创新的过程。

对当代大学生来说，学习和掌握他人的发明专利既是掌握和了解现有技术及其转化的最佳途径，也是学习和掌握当今科学技术发展最新动态的途径，加上自己已掌握的科学技术知识以及在这个方面的训练，对实现借鉴、创新是有很大帮助的。

三、创新思维的基本特征

创新思维是在创造性活动中，应用新的方案和程序，创造新的思维产品的思维活动。它是在一般思维的基础上发展起来的多种思维的综合，有如下四个基本特征。

（一）发散思维和集中思维的统一

创新思维主要是发散思维和集中思维的统一。在创新思维中，发散思维和集中思维都是非常重要的，二者缺一不可。然而对创新思维来说，发散思维更为重要，它是思维的创造性的主要体现。发散思维可以突破思维定式和功能固着的局限，重新组合已知的知识经验，找出许多新的可能的解决问题方案。它是一种开放性的没有固定的模式、方向和范围的，可以"标新立异""海阔天空""异想天开"的思维方式。发散思维具有流畅性、变通性、独创性、多感官性四个特点。

（二）直觉思维作为创新思维中的重要思维活动

直觉思维作为创新思维中的一个重要思维活动，是指不经过一步步分析，而迅速地对问题答案作出合理猜测、设想或突然领悟的思维。它是创新思维活跃的一种表现，它不仅是创造发明的先导，也是创造活动的动力。例如，达尔文通过观察植物幼苗顶端向阳光弯曲，直觉地提出"其中有某种物质跑向背光一面"的设想，以后随科学的发展证明确有"某种物质"即"植物生长素"。数学领域的哥德巴赫猜想、费尔马猜想等都是当初数学大师未经论证而提出的一种直觉判断，但为后人所确信，并为此进行了论证。直觉思维具有三个特点：一是从整体上把握对象，而不是拘泥于细枝末节；二是对问题的实质的一种洞察，而不是停留于问题的表面现象；三是一种跳跃式思维，而不是按部就班地展开思维过程。直觉思维是在知识经验的基础上形成和进行的，丰富的知识经验有助于人们形成深邃的直觉。

（三）创造想象助力创新思维

创造想象助力创新思维。因为创新思维的成果都是前所未有的，而个体在进行思维时借助于想象，特别是创造想象来进行探索。创新思维只有创造想象参与，才能从最高水平上对现有知识经验进行改造、组合，构筑出最完整、最理想的新形象。例如，牛顿的万有引力定律的提出就是以地球绕太阳运转、月亮绕地球运转、大海潮汐现象、苹果落地等事实为前提的，先在头脑中进行创造想象，然后进行推理而产生的。世界著名的物理学家爱因斯坦在高度抽象的理论物理领域中有许多杰出的创造性成果，他大多是运用创造想象来进行推理的。他对想象力的评价是："想象力比知识更重要，因为知识是有限的，而想象力概括着世界上的一切，推动着社会进步，并且是知识进化的源泉。严格地说，想象力是科学研究的根本因素。"

（四）灵感触发创新思维

灵感触发创新思维。在创新思维过程中，新的解决问题的思路、方案的产生往往带有突然性，这种突然产生新思路、新方案的状态，称为灵感。它常给人一种豁然开朗、妙思突发的体验，使百思不得其解的问题顿释。对许多科学家的调查表明，他们的发明创造过程中，大多出现过灵感。灵感并不是什么神秘之物，它是思考者长期积累知识经验、勤于思考的结果。

（图片来源：朱桦绘）

四、创新思维的特点

（一）独创性

独创性是创新思维的基本特点。创新思维活动是新颖的独特的思维过程，它打破传统和习惯，不按部就班，解放思想，向陈规戒律挑战，对常规事物怀疑，否定原有的框框，锐意改革，勇于创新。在创新思维过程中，人的思维积极活跃，能从与众不同的新角度提出问题，探索开拓别人没有认识或者没有完全认识的新领域，以独到的见解分析问题，用新的途径、方法解决问题，善于提出新的假说，善于想象出新的形象，思维过程中能独辟蹊径，标新立异，革新首创。

（二）多向性

创新思维不受传统的单一的思想观念限制，思路开阔，全方位提出问题，能提出较多的设想和答案，选择面宽广。思路若受阻，遇到难题，能灵活变换某种因素，从新角度去思考，调整思路，善于巧妙地转变思维方向，产生合适的新办法。

（三）综合性

创新思维能把大量的观察材料、事实和概念综合在一起，进行概括、整理，形成科学的概念和体系。创新思维能对占有的材料加以深入分析，把握其个性特点，再从中归纳出事物的规律。

（图片来源：朱桦绘）

（四）联动性

创新思维具有由此及彼的联动性，是创新思维所具有的重要的思维能力。联动性有三个方向：一是纵向，即看到一种现象，就向纵深思考，探究其产生原因；二是逆向，发现一种现象，则想到它的反面；三是横向，能联想到与其相似或相关的事物。总之，创新思维的联动性表现为由浅入深、由小及大、触类旁通、举一反三，从而获得新的认识、新的发现。

（五）跨越性

创新思维的思维进程带有很大的跨越性，省略了思维步骤，思维跨度较大，具有明显的跳跃性和直觉性。

五、创新思维的作用和意义

（一）创新思维的作用

1.创新思维可以不断地增加人类知识的总量

创新思维因其对象的潜在特征，表明它是向着未知或不完全知的领域进军，不断扩大着人们的认识范围，不断地把未被认识的东西变为可以认识和已经认识的东西，科学上每一次发现和创造，都增加了人类的知识总量，为人类由必然王国进入自由王国不断地创造着条件。

2.创新思维可以不断地提高人类的认识能力

创新思维的特征已表明，创造性思维是一种高超的艺术，创造性思维活动及过程中的内在的东西是无法模仿的。这内在的东西即创造性思维能力。这种能力的获得依赖于人们对历史和现状的深刻了解，依赖于敏锐的观察能力和分析问题能力，依赖于平时的知识积累和知识面的拓展。

3.创新思维可以为实践开辟新的局面

（图片来源：朱桦绘）

创新思维的独创性与风险性特征赋予了它敢于探索和创新的精神，在这种精神的支配下，人们不满足于现状，不满足于已有的知识和经验，总是力图探索客观世界中还未被认识的本质和规律，并以此为指导，进行开拓性的实践，开辟出人类实践活动的新领域。在中国，正是邓小平的创新思维，才提出了建设有中国特色的社会主义理论，才有了中国翻天覆地的变化，才有了今天轰轰烈烈的改革实践。相反，若没有创新思维，人类"躺"在已有的知识和经验上，坐享其成，那么，人类的实践活动只能留在原有的水平上，实践活动的领域也非常狭小。

4.创新思维是将来人类的主要活动方式和内容

历史上曾经发生过的工业革命没有完全把人从体力劳动中解放出来，而目前世界范围内的新技术革命，带来了生产的变革，全面的自动化，把人从机械劳动和机器中解放出来，从事着控制信息、编制程序的脑力劳动，而人工智能技术的推广和应用，使人所从事的一些简单的、具有一定逻辑规则的思维活动，可以交给"人工智能"去完成，从而又部分地把人从简单脑力劳动中解放出来。这样，人将有充分的精力把自己的知识、智力用于创造性的思维活动，把人类的文明推向一个新的高度。

（二）创新思维的意义

1.创新思维促使知识融会贯通和优化组合

（图片来源：朱桦绘）

知识是多种多样的，一个人只能掌握一定量的知识。由于创新思维的产生土壤绝不是贫瘠和单一的，这样就促使人们了解"上至天文，下至地理"多个领域的知识，使知识的门类涉猎更广、体系化更强，同时在不断的思考和学习中，达到知识的融会贯通和优化组合。

2.创新思维促使企业自主创新，培养国际品牌

我国的民族品牌的树立，需要依靠自主创新。企业的产品没有创新就没有市场，企业的发展没有创新就难以维持，管理陈旧没有创新难免死气沉沉，企业就可能缺乏竞争力。因此对企业而言，创新思维尤其重要。

我国的强大，离不开民族企业的发展；民族性国际品牌的树立，是一个国家综合国力、经济实力的侧面体现，因此民族品牌的树立，企业文化创新、研发创新、管理模式创新等，都离不开创新思维的支持。

3.创新思维能解放想象力，促进教育体制的完善发展

随着社会的发展，创新思维越来越显示出巨大的作用。当前我国基础教育进行"新课改"，提倡素质教育，而创新思维就是素质教育之———创新素质的核心。而基础教育"新课改"的实行，促进学生的多方面能力发展，促使学生的自主能动性得以发挥、想象力得到激发和保护。而想象力的延伸和发展，就是创新思维的源泉，因此创新思维促进了教育体制的完善发展，而这对社会的明天、民族的未来至关重要。

4.创新思维能促进社会重视创意产业发展，督促立法体制的完善

当今行业类别宽泛，新兴行业的兴起需要创新思维，而很多艺术创

作或文学创作行业同样需要创新思维。在这些需要丰富的想象力、创造力进行不断创作的行业中，一个缺乏想象力、创造力的人，很难做出激发人们思考、引起人们共鸣的作品。

针对这些行业门类，想象力和创造力就是评判他们是否适合此行业发展的标准。因此对想象创造出的原创作品的推崇，就会促使人们以及社会增强对原创作品的保护意识。这样重视创新，有意识地保护创新思维成果，也促进了尊重原创、反对剽窃的行业正气的形成，从而激发行业的蓬勃发展，推进相关部门对此类行业的知识产权保护等立法，促进我国法律法规的完善。

▌ **案例分析**

紧腿裙与可口可乐瓶

1923年的一天上午，美国某玻璃瓶厂工人路透的女友来看望他。这天，女友穿着时兴的紧腿裙，漂亮极了。这种裙子在膝盖附近变窄，突出了人体的线条美。约会后，路透突发奇想：为何不把又沉又重的可口可乐瓶设计成这种紧腿裙的样式呢？于是，路透迅速按照裙子的样式制作了一个瓶子，接着作为图案设计进行了专利登记，然后将这种瓶子设计带到可口可乐公司。

可口可乐公司的史密斯经理看了后大为赞赏，马上与路透签订了一份合同，约定每生产12打瓶子付给路透5美分。这就是可口可乐饮料现在所用的瓶样。目前这种瓶子的生产数量已经达到760亿只，路透所得的酬金约达18亿美元。路透欣赏女友漂亮的裙子，想到改变又沉又重的可口可乐瓶的形状，是灵感使他的创新思维发挥了作用。

（资料来源：中华包装瓶网，有删改）

分析： 这个案例让我们不难理解灵感的出现是有基本条件的，首先，要对研究的问题有一个长时间的思考，这种苦思冥想是灵感产生的前提。灵感的出现是对某问题的各个方面经过深入考虑之后

达到的瓜熟蒂落、水到渠成的境界。其次，注意力高度集中在所要解决的问题上，甚至达到痴迷的程度。这样人可以全身心投入思考，使要解决的问题时时萦绕在心。最后，灵感出现的最佳时机是在长期紧张思考之后的短暂松弛状态，可能是在散步、洗澡、钓鱼、交谈、舒适地躺在床上的

（图片来源：朱桦绘）

时候或其他比较轻松的时刻。因为紧张后的轻松之时，大脑灵活，感受力强，最易产生联想、触发新意。

课堂活动

给出一个气球，请同学们说出，你看到这个气球还能想到些什么？或者说这个气球还能做什么？

比如：有浮力，可以做游泳圈；可以做小朋友的小游泳池；可以当成球来玩；等等。

课后思考实践

1.在生活中有哪些创新的小技巧？对你的生活有些什么改变？

2.举例说明生活中有哪些熟知的创新型企业家，并总结他们不同的创新点。

第二节　创新思维的训练

一、发散思维训练

（一）发散思维的含义

发散思维又称放射思维、辐射思维、扩散思维和求异思维，是指大脑在思维时呈现的一种扩散状态的思维模式。发散思维是从一个问题（信息）出发，突破原有的圈，充分发挥想象力，经不同的途径、方向，以新的视角去探索，重组眼前的和记忆中的信息，产生多种设想、答案，使问题得到圆满解决的思维方式。

（二）发散思维的特点

1.流畅性

流畅性就是观念的自由发挥，指单位时间内产生设想和答案的多少或者指在尽可能短的时间内生成并表达出尽可能多的思维观念以及较快地适应、消化新的思想观念。如砖、绳子、纸等的用途。

流畅性用于衡量思维发散的速度（单位时间的量），可以看成发散思维"量"的指标，是基础。其包括字词的流畅性、图形的流畅性、观念的流畅性、联想的流畅性以及表达的流畅性。其中，字词的流畅性和表达的流畅性显得更为重要。

2.变通性

变通性是指在提出设想或答案方面所表现出的灵活程度，是突破人们头脑中某种自己设置的僵化的思维框架，按照某一新的方向来思索问题的过程。

变通性是发散思维"质"的指标，表现了发散思维的灵活性，是思维发散的关键。变通性是指知识运用上的灵活性，观察问题的多层次、多视角。

3.独创性

独创性是指人们在发散思维中作出不同寻常的异于他人的新奇反应的能力。独创性是发散思维的本质，表现发散思维的新奇成分，是思维发散的目的。

独创性也可称为独特性、求异性，这一点是创新思维的基本特征和标志。没有这个特征的思维活动都不属于创新思维，这是发散思维的最高目标，能形成与众不同的独特见解，让思维活动进入创新的高级阶段。

4.多感官性

发散性思维不仅运用视觉思维和听觉思维，而且也充分利用其他感官接收信息并进行加工。发散思维还与情感有着密切的关系。如果思维者能够想办法激发兴趣，产生激情，把信息感性化，赋予信息以感情色彩，那么就会提高发散思维的速度与效果。

在日常的学习生活中，我们要特别重视多感官训练，通过调动身体各个器官，体验视觉、听觉、嗅觉、触觉等感官刺激，减缓不正常张力变化，纾解焦虑不安的情绪，全方位地激发兴趣，全身心地为学习服务。

（三）发散思维的作用

发散思维具有以下三方面的积极作用。

首先是核心性作用。发散思维在整个创新思维结构中的核心作用十分明显。美国著名心理学家吉尔福特（Guilford，发散思维概念就是由他首先提出的）说过："发散思维是创新思维的核心，正是在发散思维中，我们看到了创造性思维最明显的标志。"我们可以这样看：想象是人脑创新活动的源泉，联想使源泉汇合，而发散思维就为这个源泉的流淌提供了广阔的通道。发散思维从一个小小的点出发，冲破逻辑思维的惯性，让想象思维的翅膀在广阔的太空自由地飞翔，创造性想象才得以形成。

其次是基础性作用。创新思维的技巧性方法有许多都是与发散思维有密切关系的。著名的奥斯本智力激励法中最重要的一条原则就是自由畅想，它要求不受一切限制地去寻找解决问题的办法，这实际上就是鼓励参与者进行发散思维。

最后是保障性作用。发散思维的主要功能就是为随后的其他思维提供尽可能多的方案。这些方案不可能每一个都十分正确、有价值，但是一定要在数量上有足够的保证。如果没有发散思维提供大量的可供选择的方案、设想，其他思维就无事可做。可见，发散思维在整个创新思维过程中，实际上是起着后勤保障的重要作用。

（四）发散思维的训练原则

1.考虑所有因素

尽可能周全地从各个方面考察和思考一个问题，这对问题的探索、解决特别有用。

2.预测各种结果

思考问题时，应考虑各种"后果"或最终可能出现的结局。这有利于对事物的发展有较明确的预测，并从中寻求最佳的结局模式。

3.尝试思维跳跃

遇到困难时，可以采用思维跳跃的方法，即不从正面直接入手，而是另辟蹊径，从侧面突破。

4.寻求多种方案

思考问题时，可快速"扫描"并指向事物或问题的各个点、线、面、立体空间，寻找多种方案，并对方案进行深入思考，从而找到全新的思路和方法。

（五）发散思维的训练方法

1.材料发散法

材料发散法即以某个物品尽可能多的"材料"为发散点，设想它的多种用途。如回形针的用途：把纸或文件别在一起，做发夹……

2.功能发散法

功能发散法即从某事物的功能出发，构想出获得该功能的各种可能性。

3.结构发散法

结构发散法即以某事物的结构为发散点，设想出利用该结构的各种可能性。

4.形态发散法

形态发散法即以事物的形态为发散点，设想出利用某种形态的各种可能性。

5.组合发散法

组合发散法即以某事物为发散点，尽可能多地把它与别的事物进行组合。

6.方法发散法

方法发散法即以人们解决问题或制造物品的某种方法为扩散点，设想出利用该方法的各种可能性。如说出用"吹"的方法可能做的事或解决的问题：吹气球、吹蜡烛、吹口哨……

7.因果发散法

因果发散法即以某个事物发展的结果为发散点，推测出该结果的各种原因，或者由原因推测出可能产生的各种结果。如推测"玻璃杯碎了"的原因：手没抓住，掉地上碎了，被某物碰碎了……

8.假设推测法

假设推测法即假设的问题无论是任意选取的，还是有所限定的，所涉及的都应当是与事实相反的情况，是暂时不可能的或是现实不存在的事物对象和状态。由假设推测法得出的观念大多是不切实际的、荒谬的、不可行的，这并不重要，重要的是有些观念在经过转换后，可以成为合理的、有用的思想。

二、平面思维训练

（一）平面思维的含义

平面思维是线性思维向着纵横两个方向扩张的结果。当思维定向、中心确定以后，就要从几个方面去分析说明这个问题。当这些点并不构成空间，而是处于同一平面不同方位的时候，思维过程就进入了平面思维。平面思维可以从不同的方面去说明思维的中心，可以相对地达到认识某一方面的全面性。养成这种思维的人，喜欢进行横向的平面比较，横向扩大了视野。平面宽于直线，因而优于一维思维，同时，还能将横向的现实知识与纵向的历史知识结合起来进行思考。

横向思维概念由英国学者爱德华·德·波诺（Edward de Bono）于1976年首次提出，它与纵向思维的概念相对应。横向的也有侧面的、从旁的、至侧面的意思，故"横向思维"也可谓"侧向思维"。

爱德华·德·波诺提出了一些促进横向思维的方法：对问题本身产生多种选择方案；打破定式，提出富有挑战性的假设；对头脑中冒出的新主意不要急着作是非判断；反向思考，用与已建立的模式完全相反的方式思维，以产生新的思想；对他人的建议持开放态度，让一个人头脑中的主意刺激另一个人头脑里的东西，形成交叉刺激；扩大接触面，寻求随机信息刺激，以获得有益的联想和启发等。

纵向思维是指思维从对象的不同层面切入，具有纵向跳跃、突破性、递进性、渐变等特点。具有这种思维的人，对事物的见解往往入木三分，一针见血，对事物动态把握能力较强，具有预见性。

（二）点的思维、线性思维以及平面思维的比较

一般来说，人们捕捉思维对象时，在确定研究方向、选择切入点时，作为表现思维出发点或中心的思维过程，就是点的思维。点的思维也叫零维思维，它既无长度又无宽度。养成零维思维的人，容易将思维固定于某个观点或某个对象上，不会由此及彼，不会将该点与其他相关的点联系起来，具有凝固、僵化的特点，因而往往一叶障目，在思想上表现出难以想象的主观性与片面性。

线性思维是点的思维的延伸或扩展。它有长度但无宽度，具有单一性和定向性的特征。线性思维也叫一维思维，表现为单纯的纵向的思维方式。具有这种思维的人喜欢进行历史模拟、单向性的回忆，注意传统的延续性和经验的有效性。而对外来的东西往往进行本能的抵制，对周围各种有益的意见常常采取排斥的态度。在实际工作中，具有这种思维的人讲话、行文常常引经据典，套话连篇，唯恐别人说自己不正统，而又特别喜欢谈及别人不正统；从事学术研究，他们则习惯于整理、考据、疏证，解释圣人、伟人们的学说，只能沿着某个固定的方向或向前引申，或向后回溯。因此，习惯于线性思维的人，虽然思维也有运动，但运动极其有限，缺乏应有的多向思考的灵活性。

线性思维可以分为正向线性思维和逆向线性思维。正向线性思维的特点是思维从某一个点开始，沿着正向向前以线性拓展，经过一个点或几个点，最终得到正确的思维结果，在答题中，也就是最终得到正确的答案。逆向线性思维的特点是通过正向思维难以得到正确的结果，既然正向走不通，就向相反的方向思考，经过一个或几个点，最终得到正确的思维结果，在答题中，也就是最终得到了正确的答案。

（三）平面思维的培养与训练

平面思维是人的各种思维线条在平面上聚散交错，也就是哲学意义上的普遍联系，这种思维更具有跳跃性和广阔性，联系和想象是它的本质。我们通常所说的形象思维就属于平面思维的范畴。例如什么样的东西可以做成一幅"画"呢？对于这个问题，很多人会选择纸和墨。但曾经就有一个画家用他母亲的头发做成了他母亲的头像。由此可见，这个问

题不是简单的线条型的单向思维能回答的。如果把"画"字放在一个平面上，同所有可以想象到的名词联系起来，我们就会发现头发、石头、蝴蝶翅膀、金属、麦草、树叶、棉花……都可以用来做成精美的画。这种灵感不正是用平面思维来联系和想象的一种必然结果吗？

联系和想象是平面思维的核心，其特点通常表现为事项之间的跳跃性连接。在这一思维过程中，它既受到逻辑的制约，又常常得到联想的支持，否则思维的流程就会被堵塞。

（四）平面思维的经典案例

请同学们准备好纸和笔，要求：必须独立完成。

第一步：在白纸上画出如图2-1所示的图形。

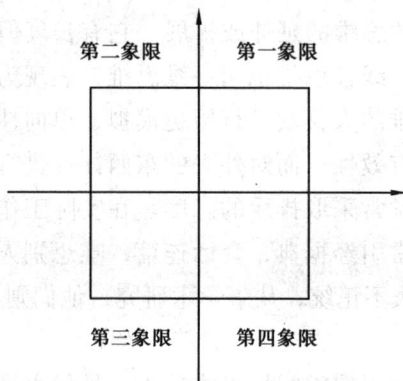

图2-1

第二步：在大正方形中再画一个如图2-2中间所示的图形。

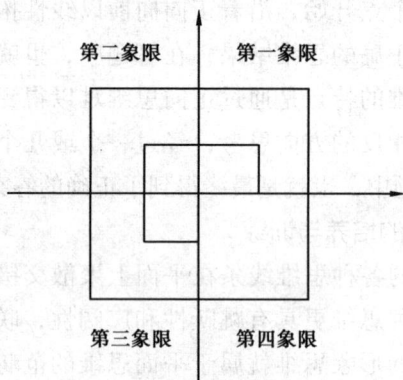

图2-2

第三步：将按第二步画成的图形和坐标轴围成的面积涂上阴影（图2-3）。

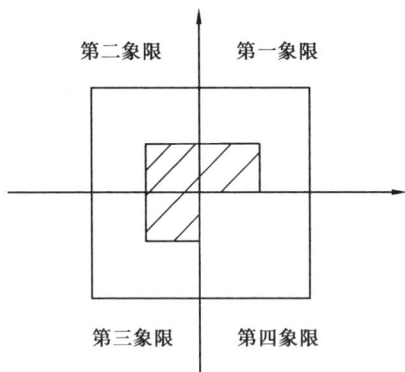

图2-3

第四步：

①将第一象限中非阴影部分的面积用一条直线分为两个部分，要求被分割出来的图形面积相等，形状相同。

②将第二象限中非阴影部分的面积用两条直线分为三个部分，要求被分割出来的图形面积相等，形状相同。

③将第三象限中非阴影部分的面积分为四个部分，要求被分割出来的图形面积相等，形状相同。

④将第四象限中非阴影部分的面积分为七个部分，要求被分割出来的图形面积相等，形状相同。

答案如图2-4所示。

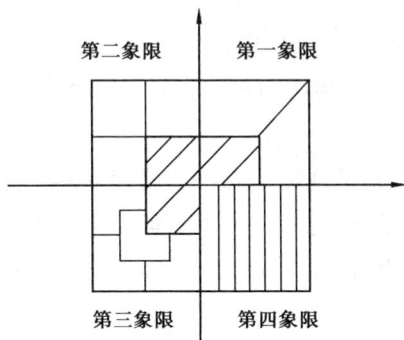

图2-4

三、立体思维训练

（一）立体思维的含义

立体思维也称多元思维、全方位思维、整体思维、空间思维或多维型思维，是指跳出点、线、面的限制，从上下左右、四面八方去思考问题的思维方式，也就是要"立起来思考"。这种思维方法强调占领整个立体思维空间，并有纵向垂直、横向水平以及交叉等全方位的思考。

（二）立体思维的三个维度

立体思维的时空观很强。所谓的时间或空间只是人们在对存在事物的认识和理解的基础上创建的概念，大自然本身并不存在时间或空间，或者说空间本身什么都不是。一切与时间或空间有关的概念只表示人们在了解或认识事物时所形成的各种意识的形态。

人类社会需要时间和空间，于是人们把自然事物形态的变化特点认知为时间的作用，把自然事物的变化现象认知为空间的存在。例如，从人类生活的地球表面到大气层之间，或从大气层到外太空之间，甚至是由外太空到整个太阳系甚至银河系，这些人类认知中的空间，实质上都只是自然变化的一种现象。这些认知表现了人们对宇宙天体的一个认知程度，并不是所谓空间。

空间和时间是事物之间的一种秩序。空间用以描述物体的位形；时间用以描述事件的先后顺序。空间和时间的物理性质主要通过它们与物体运动的各种联系来表现。在狭义相对论中，不同惯性系的空间和时间之间遵从洛伦兹变换。根据这种变换，同时性不再是绝对的，相对于某一参照系为同时发生的两个事件，相对于另一参照系可能并不是同时发生的。在狭义相对论中，长度和时间间隔也变成相对量，运动的尺子相对于静止的尺子变短了，运动的时钟相对于静止的时钟变慢了。

1.有一定的空间

人们根据自然事物呈现的形态特征所建立的一个概念就是空间。世间万物都在一定的空间存在着。立体思维就充分考虑了事物存在的空间，就能跳出事物本身，用更高的角度去观察、思考问题。

2.有一定的时间

世间万物也是在一定的时间中存在着的，从时间的角度去思考，往往可以使我们做今昔对比，从而展望未来，具有超前意识。

3.万物联系的网络

世界上的事物都不是孤立存在的，它们相互构成一定的联系。我们在事物千丝万缕联系的网络中去思考问题，就容易找出事物的本质，从而拓宽创新之路。

（三）立体思维的特征

1.层次性

层次性是指系统在结构或功能方面的等级秩序。层次具有多样性，可按物质的质量、能量、运动状态、空间尺度、时间顺序、组织化程度等多种标准划分。不同层次具有不同的性质和特征，既有共同的规律又各有特殊的规律。要想对认识对象形成整体性的立体反映，首先要把握或分析认识对象的层次，包括认识对象的运动、变化或发展，经历了哪些阶段，认识对象的组成结构，具有什么样的层次等。

2.多维性

一般一维到三维是人类可见的效果，到四维以后就不可见了，立体思维的多维性就是指立体思维的三维性。点运动成线，线运动成面，面运动成体。立体思维就是要从多方面、多角度、多侧面、多方位地去探究认识对象。

3.联系性

联系性是指立体思维中各种因素、关系、方面的制约性、过渡性和渗透性。

4.系统性

系统性是指立体思维过程中有关联的所有个体，根据预先编排好的某种规则工作，能完成个体不能单独完成的工作。

5.整体性

这是立体地描述、反映思维对象最后完成形态的要求，是立体地认识事物的必然结果。

6.动态性

事物总是发展变化的，立体思维也不能局限于某一时间和空间，也要随着事物的变化而变化。

（四）立体思维的三规律与三方法

1.立体思维的三规律

1）诸多因素综合律

诸多因素综合律是指思维在由低级向高级发展的过程中，在把点、线、面的思维上升为立体思维的过程中，必须动用多种观察工具、多种思维形式，把思维对象的各个方面、各种因素综合为一个整体，方能形成整体的思维。

2）纵横因素交织律

纵横因素交织律是指在纵的分析与横的分析的基础上，使两者交织成一个有机整体。纵的分析是对认识对象进行历史的分析，横的分析是分析思维对象运动全过程中内在矛盾和外在矛盾的各个方面，分析各个矛盾方面在各个发展阶段（层次）的各种特征、关系、联系。

3）各层次、因素、方面贯通律

各层次、因素、方面贯通律是指在立体思维的过程中，从问题的提出到问题的展开，必须按照思维自身和事物自身的层次、环节、阶段或结构，使其内容有条不紊地安排或组织起来，充分体现出立体思维的有序性。这是思维对象和思维自身具有的结构层次和发展层次在人的思维中的反映。

2.立体思维的三方法

1）整体性思考方法

整体性思考方法是指以诸多因素综合律为依据的思维方法。在立体思维的过程中，其根本宗旨和最后归宿，就是要全面把握、反映思维对象的整体，运用整体性思考方法，就可以把看起来零碎的、没有联系的东西组成互相联系的整体。

2）系统性的方法

系统性的方法是指以各层次、因素、方面贯通律为依据的思维方法。在运用这种方法的过程中，要注意层次或顺序，或从小系统到大系统逐级进行，或从大系统到小系统逐级进行，不能越级，否则就可能出现错误。

3）结构分析方法

结构分析方法是指以纵横因素交织律为依据的思维方法。立体思维必须了解整体或系统中各组成部分分别处于什么位置，起着何种作用，应当如何组合、排列等。这样，立体思维既可把握事物的整体，又可把握构成这个整体的内在机制，了解这个整体结构的性质。

四、逻辑思维训练

（一）逻辑思维的含义

逻辑思维又称为理论思维、抽象思维或闭上眼睛的思维，是指人们在认识过程中借助于概念、判断、推理等思维形式能动地反映客观现实的理性认识过程。它是作为对认识者的思维及其结构以及起作用的规律的分析而产生和发展起来的，是人的认识的高级阶段即理性认识阶段。

逻辑思维是确定的，而不是模棱两可的，是前后一贯的，而不是自相矛盾的，是有条理、有根据的思维。在逻辑思维中，我们要用到概念、判断、推理等思维形式和比较、分析、综合、抽象、概括等方法，而掌握和运用这些思维形式和方法的程度，也就是逻辑思维的能力。

逻辑思维要遵循逻辑规律，这主要是形式逻辑的同一律、矛盾律、排中律、辩证逻辑的对立统一、质量互变、否定之否定等规律，违背这些规律，就会导致认识上的混乱和错误，继而在思维上发生偷换概念、偷换论题、自相矛盾、形而上学等逻辑错误。

（二）逻辑思维的特点

1. 规范性

规范性是指凡是有人群的地方，每个人的一言一行、一举一动都有一定的规矩和标准。在管理学上，规范性是指一个企业从筹建、运行到分立、撤并，从运行中的物资供应、生产制造到产品销售，每个环节、每个步骤、每个流程、每个岗位都有一定的规矩和标准。规范性强调的是规矩和标准，逻辑思维恰是遵循规矩和标准的过程。不论是概念的起点，还是判断的发展，以及最后的推理，都是有科学方法可依、层层递进的思维过程。逻辑思维是关注目标，沿着思维发展的脉络，推演出应采取的措施或行为。

2. 严密性

严密性是指事物之间结合得紧密，没有空隙，或者是考虑很周到，没有疏漏。逻辑思维的严密性是指在逻辑推理过程中，由于建立在概念和判断的基础上，推演出的最终结论是紧密的，是不会出现逻辑上的错误的。

3.确定性

确定是动词，通常有以下几种词义：固定、明确肯定、坚定、必然、确实无疑、表示坚决等。那么确定性则是相对于不确定性而言的，是指事先就能准确地知道某个事件或某种决策的结果，或者说事件或决策的可能结果只有一种，不会产生其他结果。

逻辑思维推导出的结论就是确定的，不存在模棱两可的情形。

4.可重复性

逻辑思维的可重复性是指同一个人在同样的假设或已知条件下，运用同样的逻辑思维过程，最终推导出的结论是相同的。

（三）逻辑思维的作用

1.一般作用

逻辑思维的一般作用表现在：首先是有助于我们正确认识客观事物；其次是可以使我们通过揭露逻辑错误来发现和纠正谬误；再次是能帮助我们更好地去学习知识；最后是有助于我们准确地表达思想。

2.积极作用

逻辑思维在创新中的积极作用：发现问题、直接创新、筛选设想、评价成果、推广应用、总结提高。

（四）逻辑思维的形式

1.形式逻辑

形式逻辑也称为普通逻辑，就是我们平常说的逻辑，是指抛开具体的思维内容，仅从形式结构上研究概念、判断、推理及其联系的逻辑体系。

2.数理逻辑

数理逻辑是在形式逻辑的基础上发展起来的新的逻辑分支学科。数理逻辑在深度和广度上推进了传统逻辑，使它更加精确和严密。数理逻辑使用了数学的语言和符号，揭示了事物和事物之间的数量关系，不仅深化了传统自然科学学科的研究，而且对计算机科学、控制技术、信息科学、生物科学等学科的发展有着重要的意义。

3.辩证逻辑

辩证逻辑就是按照辩证唯物主义哲学对客观世界的认识方法和思维方式去认识世界的逻辑体系。列宁曾说："逻辑不是关于思维的外在形式的学说，而是关于一切物质的、自然的和精神的事物的发展规律的学说，即关于世界的全部具体内容及对它的认识的发展规律的学说。"

（五）逻辑思维的方法与训练

1.演绎推理法

演绎推理就是由一般性前提到个别性结论的推理。按照一定的目标，运用演绎推理的思维方法获得新颖性结论的过程。

例如，一切化学元素在一定条件下会发生化学反应。惰性气体是化学元素，所以，惰性气体在一定条件下确实能够发生化学反应。这里运用的就是演绎推理法。

演绎推理的主要形式是三段论式。三段论式就是从两个判断中得出第三个判断的一种推理方法。上面的例子就包含了三个判断。第一个判断是"一切化学元素在一定条件下会发生化学反应"，提供了一般的原理原则，叫作三段论式的大前提。第二个判断是"惰性气体是化学元素"，指出了一种特殊情况，叫作小前提。根据这两个判断，说明一般原则和特殊情况间的联系，进而得出第三个判断："惰性气体在一定条件下确实能够发生化学反应"　　结论。

只要作为前提的判断是正确的，中间的推理形式是合乎逻辑规则的，那么必然能够推出"隐藏"在前提中的知识。这种知识，尽管没有超出前提的范围，但毕竟从后台走到了前台，对于我们来说，往往也是新的。由于我们常常是为了某种实际需要才做这种推理，其结论很可能具有应用价值。这样演绎推理的结论就可能既具有新颖性又具有实用性。

2.归纳推理法

归纳推理法有时也称"归纳法"，与"演绎推理"相对。传统逻辑是从个别性知识的前提推出一般性知识的结论的推理。归纳推理的结论一般超出了前提陈述的范围，当其前提真时，结论并不必然真。故归纳推理是一种或然性推理，分为完全归纳推理和不完全归纳推理。不完全归纳推理又分为简单枚举归纳推理和科学归纳推理。

1）完全归纳推理

根据某类中每一事物都有（或没有）某一属性，推出该类全体都有（或没有）该属性的归纳推理，就是完全归纳推理。完全归纳推理的结论所断定的并未超出其前提所断定的知识范围，其结论是确实可靠的。但它只在被概括的对象为数不多的情况下才能应用。

2）简单枚举归纳推理

简单枚举归纳推理是列举某类事物中一部分对象的情况，根据没有遇到矛盾的情况，便作出关于这一类事物的一般性结论的推理。

在它的结论的基础上，可以继续研究，如果证明是正确的，就得到了新的知识。即使证明是错误的，也能从另一方面给予我们新的知识。

3）科学归纳推理

科学归纳推理是列举某类事物的一部分情况，并分析产生这些情况的原因，以此结果为根据，总结出这一类事物的一般性结论的推理方法。

3.实验法

实验是为了某一目的，人为地安排现象发生的过程，据之研究自然规律的实践活动。实验的特点是必须能重复，能够在相同条件下重复地做同一个实验，并产生相同的结果，这是一个实验成功的标志，不能重复的实验就不是成功的实验，其结果就没有可信度，就不能作为科学依据，这是符合逻辑思维原理的。

实验法研究有诸多优点，比如：能够纯化研究对象；能够人为地再现自然现象；可以改变现象的自然状态；可以加速或延缓对象的变化速度；可以节约费用，减少损失。

4.比较研究法

比较研究法简称比较法，是指通过两个或两个以上对象的相同点和差异来获得新知识的方法。

在比较研究中，起主要作用的还是逻辑思维中的演绎推理、归纳推理和类比推理，所以，比较研究是运用逻辑思维进行创新的一种方法。比较可以是空间上的横向比较，也可以是时间上的纵向比较，还可以是直接比较和间接比较。

运用比较研究可以鉴定真伪、区分优劣，可以明察秋毫、解决难题，可以确定未知、发现新知，可以取长补短、综合改进，可以追踪索骥，建立序列。

5.证伪法

根据形式逻辑中的矛盾律，在同一时间、同一关系上，不能对同一对象作出不同的断定。用一个公式来表示：A不能在同一时间、同一关系上是B又不是B。

根据形式逻辑中的排中律，在同一时间、同一关系上，对同一事物是两个相互矛盾的论断必须作出明确的选择，必须肯定其中的一个。用一个公式来表示：A或者是B，或者不是B，二者必择其一，不可能有第三种选择。

根据以上两个规律，运用逻辑思维方法，可以在证明一个结论是错误的同时，证明另一个结论是正确的。这种用来取得正确答案的方法就是反证法或证伪法。在许多情况下，证伪法可以帮助我们解决疑难问题，取得创新结果。

（六）逻辑思维的经典案例

1897年，孙中山侨居日本时，与日本著名政治家犬养毅相识。有一天，犬养毅问孙中山："我真的敬佩您的机智——不过，我想问问您，孙先生，您最喜欢的是什么？"

"革命，把清政府推翻。"

"您最喜欢革命，这是谁都知道的，但除此之外，您最喜欢什么？"

这样的提问显然有斗智意味。

孙中山停了片刻，用英语回答："woman（女人）。"

犬养毅忍不住哈哈大笑，他嚷道："这是很老实的话，我认为您会说最喜欢书，结果您却把女人排在书的前面，这是很有意思的，您这样忍耐着对女人的爱而拼命看书，实在了不起。"

孙中山说："不是这样的！我想，千百年来，女人总是男人的附属品或玩物，充其量做个贤内助，然而我认为，她应该和母亲是同义语，当妈妈把她身上最有营养的乳汁喂给孩子的时候，当妻子把她真诚的爱献给丈夫的时候，她们的牺牲是那样的无私和高尚，这难道不值得爱吗？可惜，我们好些人都不珍惜这种爱，践踏这种爱。"

犬养毅听后，自知误解了孙中山的意思，更加佩服孙中山的敏锐机智。

请问孙中山怎样洞察出对方的用意，又是怎样阐明自己所说的概念内涵的？

（资料来源：作文整理网，2012年9月12日，有删改）

分析：孙中山在与犬养毅的对话中，觉察到犬养毅对自己所使用的"woman"这个概念的含义有误解。英文的"woman"是一个泛指的概念，可指女人、女性、妻子、情人、女仆等。孙中山严肃地指出，他是将"woman"这个概念作为"母亲"的同义词使用的，这就明确了其内涵，消除了对方有意或无意的误解。这个事例告诉我们，明确概念的内涵，是成功的言语交际的第一要义。

被西方誉为"逻辑之父"的古希腊大哲学家亚里士多德十分重视语言表达中明确概念含义的问题。他在《论辩篇》中指出："对于一个歧义的名词或歧义的表述，一个人答辩应当像下面的这种样子，说'在一种含义上它是这样，而在另一种含义上它不是这样'。"他还说："因为问题的意义模糊，你随便答复，就会引起困难。假如你事先未发觉问题的双关性，按你所了解的答复了，而提问的对方把问题看成和你理解的不同，你就应该指出：'那不是我承认时所理解的意思，我是这样理解的。'"

亚里士多德的这些见解对人们的思维提出了一个最基本的逻辑要求，那就是要明确所使用的每一个概念，特别是在使用有歧义的词语时，绝不能含糊其词，必须明确指出它表达的是什么概念，以消除任何误解或曲解。概念是构成思维的基本要素，概念要明确，可以说是逻辑上的一条最根本的原则，也是保证交际成功的必要前提和先决条件。否则，一切思想交流、言语交际都将无法进行。

五、逆向思维训练

（一）逆向思维的含义

逆向思维也称为求异思维，它是对司空见惯的似乎已成定论的事物或观点反过来思考的一种思维方式。

（二）逆向思维的特点

1.普遍性

逆向思维在各个领域、各种活动中都适用，由于对立统一规律是普遍适用的，而对立统一的形式又是多种多样的，有一种对立统一的形式，相应地就有一种逆向思维的角度，所以，逆向思维也有无限多种形式。比如：性质上对立两极的转换——软与硬、高与低等；结构、位置上的互换、颠倒——上与下、左与右等；过程上的逆转——气态变液态或液态变气态、电转化为磁或磁转化为电等。无论哪种方式，只要从一个方面想到与之对立的另一个方面，都是逆向思维。

2.批判性

逆向是与正向相较而言的，正向是指常规的、常识的、公认的或习惯的想法与做法。逆向思维则恰恰相反，是对传统、惯例、常识的反叛，是对常规的挑战。它能够克服思维定式，破除由经验和习惯造成的僵化的认识模式。

3.新颖性

循规蹈矩的思维和按传统方式解决问题虽然简单，但容易使思路僵化、刻板，摆脱不掉习惯的束缚，得到的往往是一些司空见惯的答案。其实，任何事物都具有多方面的属性。由于受过去的经验影响，人们容易看到熟悉的一面，而对不熟悉的一面却视而不见。逆向思维能克服这一障碍，从而得出令人耳目一新的观点或看法。

（三）逆向思维的原则

1.敢想敢说、勇于创新的原则

学会逆向思维，敢于提出与众不同的见解，敢于破除习惯的思维方式和旧的传统观念的束缚，跳出因循守旧、墨守成规的老框框，大胆设想。发前人之未发，化腐朽为神奇，标新立异。

2.严谨、积极、有益的原则

逆向思维要经得起推敲，避免表面化、浅层次地思考问题。

3.遵循规律、避免极端的原则

逆向求异应在一定的语言环境或特定的社会背景中进行，只有严格遵循客观规律，准确把握事物的本质，才能避免从一个极端走向另一个极端。如"螳臂当车"，贬抑螳螂已成共识，你若想褒扬它，借此改变人们的传统观念，人们将难以赞同。

4.尊重科学、不伤感情的原则

"逆向"虽具有普遍性，但那些违反科学道理，有悖于人们共识和伤害人感情的"逆向"都是不可取的。

（四）逆向思维的训练方法

1.反转型逆向思维法

这种方法是指从已知事物的相反方向进行思考，产生发明构思的途径。"事物的相反方向"常常是指从事物的功能、结构和因果关系三个方面做反向思维。

2.转换型逆向思维法

转换型逆向思维法是指在研究一问题时，由于解决某一问题的手段受阻，而转换成另一种手段，或转换思考角度，以使问题顺利解决的思维方法。如历史上被传为佳话的司马光砸缸救落水儿童的故事，实质上就是一个用转换型逆向思维法的例子。由于司马光不能通过爬进缸中救人的手段解决问题，因而他就转换为另一手段——砸缸救人，进而顺利地解决了问题。

3.缺点逆用思维法

缺点逆用思维法是指利用事物的缺点，将缺点变为可利用的东西，化被动为主动、化不利为有利的思维方法。这种方法并不以克服事物的缺点为目的，相反，它是将缺点化弊为利，找到解决方法。例如，金属会被腐蚀是一件坏事，但人们利用金属腐蚀原理进行金属粉末的生产，或进行电镀等其他用途，无疑是缺点逆用思维法的一种应用。

（五）逆向思维的经典案例

某时装店的经理不小心将一条高档呢裙烧了一个洞，导致裙子的价格一落千丈。如果用织补法补救，也只是蒙混过关，欺骗顾客。这位经理突发奇想，干脆在小洞的周围又挖了许多小洞，并精心修饰，将其命名为"凤尾裙"。一下子，"凤尾裙"销路顿开，该时装店也因此出名了。逆向思维带来了可观的经济效益。无跟袜的诞生与"凤尾裙"的出现有异曲同工之妙。因为袜跟容易破损，一破损就毁了一双袜子，商家运用逆向思维，试制成功无跟袜，创造了良好的商机。

（资料来源：佚名.由司马光砸缸想到的——逆向思维[J].初中生世界，2014年第1期，有删改）

传统的破冰船，都是依靠自身的重量来压碎冰块的，因此它的头部都采用高硬度材料制成，而且设计得十分笨重，转向非常不便，所以这种破冰船非常害怕侧向漂来的流冰。苏联科学家运用逆向思维，变向下压冰为向上推冰，即让破冰船潜入水下，依靠浮力从冰下向上破冰。新的破冰船设计得非常灵巧，不仅节约了许多原材料，而且不需要很大的动力，自身的安全性也大为提高。遇到较坚厚的冰层，破冰船就像海豚那样上下起伏前进，破冰效果非常好。这种破冰船被誉为"本世纪最有前途的破冰船"。

第三节　大学生创新思维的培养

一、高校创新思维教育中存在的主要问题

1.对学生创新思维培养的意识淡薄

为了实施科教兴国和建设创新型国家的发展战略，党中央、国务院提出了创新创业这一重要举措。然而，从各高校的落实情况来看，大部分高校对创新创业教育的理解与研究仍处于初级阶段，主要表现为：对创新创业教育的理解过于片面化；对创新创业教育成果的追求过于功利化，盲目地鼓励学生创业，且不具备创新的实际成果，使学生有创业冲动，却不具备创新性的内容。与此同时，高校对创新教育还没有形成一定的思想体系，对创新的研究也存在一定的片面性，对学生的创新教育过于笼统，且不具备科学性、循序渐进性和条理性。过分强调学生的创新成果和创新能力的展示，没有意识到创新能力与创新思维既有间接联系又有直接联系，忽视对学生的创新思维教育，未形成科学的创新思维教育模式。

2.创新思维教育氛围不浓

培养创新人才，需要营造一个良好的学校环境，让学生的身心能够在这样的环境中得到满足、知识得到充实、思维得到突破。目前，我国大多数高校未形成丰富的创新文化，还不能对学生的创新思维培养产生积极影响。大部分高校的教学还属于灌输式教学，直接传授相应的专业知识而忽略对学生创新意识的激发，学生无法产生创新的想法和欲望。学生之间、学生和教师之间未形成良好的创新思维互动，缺乏创新的氛围。同时，大部分高校还没有意识到校园创新环境对学生的创新思维和

创新能力的直接或间接影响，没有建立良好的有利于创新思维培养的物质环境和文化环境。部分高校过于追求学校内部硬件设施的建设，忽略了对学生的思维灵感有一定启发作用的自然环境的营造。

3.教师的创新指导能力不足

在教育过程中，教师对学生的影响是全方位的。拥有良好的创新意识与能力的教师，在日常的教学活动中会不断地对学生进行创新思维教育与创新意识的渗透，对培养拥有创新意识并重视创新思维运用的学生产生重大的影响。然而，很多高校教师的教学方式陈旧，教学思想过于古板，未意识到创新的重要性和必要性，只是按部就班地完成既定的教学内容与教学任务。因此，学生在这样的教学环境中接受不到有逻辑框架的创新教育，只能接受一些不成体系的创新理念。此外，有些教师因为思维模式固化，或因有一定的社会地位而感到自满，不能及时地跟上现在教育发展的步伐、不及时地进行自我反思与学习，久而久之，在教学实践中就没有充足的创新意识和能力，也就满足不了学生发展的需要。

4.创新思维教材匮乏

我国高校的创新思维教育还处于初步发展期，在创新思维教育方面的实践案例有限，学校内部、各学校间的创新实践与创新思维理论成果得不到很好的共享与展现。同时，学校内部、各学校间也没有一个良好的交流创新成果的平台，不能进行很好的交流，还不能形成互帮互助、协同发展、共同进步的局面。各高校对最新的创新实践成果和创新思维理论研究的获取有一定延迟，影响了其对创新思维教育成果的二次研究。因此，研究者在编写教材时并不能全面而科学地对已有的创新思维理论成果进行提炼，同时缺乏对学生思维现状的调查与研究，过分依赖国外已有的创新思维研究成果，不能基于学生的实际现状，使创新思维的书籍不适合中国的国情，不具备很好的实效性。

二、如何培养大学生的创新思维

1.培养大学生的创新思维，要激发大学生的想象力

众所周知，哲学起源于惊异，也就是说起源于好奇心，在哲学史的演进中，哲学也总是追求"新奇"和"另类"来打破常规，从而实现哲学史上哲学家们思想火花的碰撞，实现知识的更迭和进化。实际上，类似于哲学对知识的探求，培养大学生的创新思维，就是要激发大学生的想象力，激发他们发动创新打破常规的能力。爱因斯坦说："想象力比知识更重要，因为知识是有限的，而想象力概括着世界上的一切，推动着社会进步，并且是知识进化的源泉。"想象力之所以能够成为知识进化的源泉，依萨特之见，想象力有以下四个特性：其一，想象力是一种意象，这种意象是一种意识。这就是说，想象力不等于复制外在对象的模仿性形象，而是一种创造性意识活动。其二，想象力是一种近似观察的现象，由于它是一种近似观察的现象而又不同于观察的感觉，那么，想象力本身就是一种超越性的意识活动。其三，想象力假定其对象不存在，这就是说，想象力具有否定对象的功能，这个功能可以使我们从常规的知识和成见中跳出来，对外在常规和成见加以批判和否定，从而实现观念的创新和超越。其四，想象力具有自发性，这就是说，想象力是一种积极自发的潜能，具有积极性和主动性。也正是想象力有这些特性，我们才既可以运用想象力对既定常规性、成见性的知识进行批判，又可以运用想象力来创造知识。想象力在创新思维的培育中才发挥着至关重要的作用，因此，培养大学生的创新思维就是要激发大学生的想象力，发挥想象力的积极功能。从国家层面来说，培养大学生的创新思维，激发大学生的想象力，就是要学习和贯彻"中国梦"思想，使每个大学生的梦想和国家的梦想相一致，使小梦想汇聚成大梦想，并坚持正确的梦想方向。

2.培养大学生的创新思维，要注重学生学法和教师教法的培育

想象力在创新思维的培养中发挥着至关重要的作用，那么，我们在当今大学生创新思维的培养中就要注重开发学生的想象能力，这就需要我们注重对学生学习方法和教师教学方法的引导和培育。雅斯贝尔斯说："大学是这样一处所在，在这里，凭着国家和社会的认可，一段特定的时光被专门腾出来尽最大可能地培养最清晰的自我意识。人们出于寻求真理的唯一目的而群居于此……学生在大学里面应该独立地思考，批判地学习，并且要学会对自己负责。他应该有学习的自由。"这里就暗含着几层含义：其一，大学的目标是追求真理，追求知识，是培育学生清晰的自我意识。换句话说，大学生应该有创新思维，如果没有创新思维，追求真理也就无从谈起。其二，大学生追求真理、培养创新思维的最根本方法就是独立地思考、批判地学习。这就是要主动地探索知识，要有冒

险意识，要批判地学习，要学会归纳总结和开拓创新，而非被动地死记硬背一些知识，这才是对自己负责的学习方法。就像怀特海所说："如果只是一味地通过被动记忆一些支离破碎的知识来塑造自己的精神生活的话，简直不可想象，人性不是这样，生活更不应该这样。"其三，学生应该有学习的自由，这就提醒高校教师，在教育学生的过程中，要留给学生学习和成长的空间和时间，要推行启发式教学法，要相信学生，而非在教学教育的过程中采取面面俱到的"填鸭式"教学方法，否则会压缩学生学习知识的空间，不利于大学生创新思维的培养和想象力的开发。"就教育而言，填鸭式灌输的知识、呆滞的思想不仅没有什么意义，往往极其有害——最大的悲哀莫过于最美好的东西遭到了侵蚀。"因此，培养学生的创新思维，教师要注重启发式教学方法的灵活运用。

3.培养大学生的创新思维，要引导学生重视学科的交叉学习

随着世界工业化、现代化、市场化和全球化的推进，社会分工越来越细致，这就越来越需要对口的人才，以满足社会某些职位的需求，填补社会系统运作的某些功能。这种精准的社会分工导致当前高校学科门类和专业划分更加细致，从某种意义上说，学科和专业的专门化迎合了社会和时代的需要，对社会的发展具有积极作用。但这种过分专门化也产生了一些问题，尤其使当代大学生的知识碎片化和片段化，不利于学生的综合发展，也不利于学生创新思维的培养。波普指出："当代科学无疑过分专门化了，有过多的专业特性，从而使当代科学成为非人性的；但不幸的是，这种情况对当代的历史学或心理学也适用，几乎同自然科学一样。"就我们的教育而言，我国大部分地区从高中阶段起，就开始了文理分科，进入高校后，又更细致地分为哲学、经济学、法学、教育学、文学、历史学、理学、工学、农学、医学、军事学、管理学和艺术学等诸多门类，每个门类下面又分诸多专业和诸多研究方向。实际上，人类一方面探求技术性的知识，另一方面探求人文精神的知识，这两个方面本身是互相影响、互相作用的。但就当前情况而言，分工过于细化，工科、理科学生不学文科，甚至鄙视文科的现象已经相当普遍。在某个专业内部，学生只专注某门课程的现象也很常见。比如马克思作为一个伟大的思想家，他的思想是在西方文化思潮的演进中发展起来的，要全面地理解马克思主义理论，就应该学好《西方哲学史》等课程，这些学科

间是有内在关联的，可大多数学生仅仅为了追求考试及格和拿学分而去学习《西方哲学史》这样的课程。张曙光曾指出："学科的合理划界在我们这里往往成了学科壁垒，许多学者固守本学科的界限甚至落后的范式，而不管研究对象本身的综合性与整体性。现代社会问题极具复杂性，要融会多学科的知识才能胜任。……固守学科的'楚河汉界'，无异于拒绝思想理论的创新。"学科壁垒不仅有害于学者的发展，也使学生将自己封闭在一小块知识的天地里，封闭在知识的孤岛之中，而学科的交叉学习，多学科学习，往往使知识的学习具有综合性和开放性，也有利于知识的互补性、互感性和互通性的充分发挥。我们抱着问题来进行交叉学科的学习，这样就可以使知识的学习围绕一个问题进行延伸，使知识的学习具有动态性和发散性，这就有利于学生打开想象的空间，有利于学生创新思维的培养。

▍案例分析

希尔顿酒店的创始

著名的希尔顿酒店产业创始于20世纪20年代。当初，创始人希尔顿在达拉斯商业街漫步，发现这里竟然没有一家像样的酒店，便萌生了建一家高级酒店的想法。

希尔顿是一个创造力与行动力都很强的人，想到就去做。他很快就看中一块"风水宝地"。酒店属于典型的服务业，对这个产业，影响最大的因素就是地皮，选择一块好的地皮，即使初始投资较大，也会很快在后续的有利经营中收回。所以，希尔顿下定决心要买下这块"风水宝地"。

这块地出让价格为30万美元，而他眼下可支付的资金仅仅5000美元！况且，解决地皮之后，还要筹集大量的建设资金。所以，表面上看，这个项目显然不可行。

但他没有放弃，他把这个难题进行了分解。首先，他把30万美元的地皮费用分摊到了每年每月。他对土地拥有人说："我租用你的土地，首期90年，每年给你3万美元，按月支付，90年共支付270万美元。一旦我支付不起，你可以拍卖酒店……"对方感到占了大便宜。

签订了土地租赁协议，希尔顿马不停蹄地将自己开酒店的方案以及诱人的经营远景讲给投资商听，很快便与一个大投资商达成了协议，合股建设酒店，酒店如期建成，经营效益超出先期预料，获得了巨大成功。从此，希尔顿走上了世界级酒店大王之路，一度跻身全球十大富豪之列。

（资料来源：搜狐网，2018年10月12日，有删改）

上述案例是以经济为线索，以时间为切入点，将租金问题进行了分解法再思考，用现有的有限资金作为签订协议的资本，将未来的项目利润作为履约资本。接着，他又以经济为线索，以结构性和利益性为切入点，把自己的协议权用智慧放大为股份资本，将建设的资本压力变成另一位投资商的投资动力，解决了全部建设资本。智慧资本成就了著名的希尔顿。

▌课堂活动

内容：跳出常规，挑战规则

目的：有很多事情，从一个角度看不可能，而如果换一个角度，就变成可能的了，关键是开阔思维，放下你一直以来的思维模式。下面这两个看似不成立，却要求你证明的游戏，有力地说明了这一点。

题目：奇怪的"等式"

要求：有两个等式：①4-3=5和②9+4=1。在什么情况下，这两个等式成立？

思路：

1. 当你迫使自己脱离数学范围，而调动想象力的时候，答案很快就出来了。第一题的答案是：从四角形上剪去一个三角形，就变成了一个五角形。

2.第二题的解题思路和第一题一样，发挥想象力，会发现时间是12进制的。9点钟加上4点钟，不就是1点钟吗?

课后思考实践

1.简述如何培养创新思维。

2.妨碍大脑进行思维创新的一个主要因素是什么?

3.请同学们谈谈，如何将一个5元钱的苹果卖到50万元，甚至500万元。

第三章　提升大学生的创业意识

创办企业是很多大学生的梦想，但在创办企业之前，大学生必须清晰认识和了解创业者成功的因素与共性。成功创业者的经历都是相似的，了解成功创业者具有的创业意识、素质和能力，可以反观自己，明确自己是否适合创业，以及成功的可能性有多少，自己还有哪些差距。针对自己与成功创业者的差距，修改、完善发展目标和发展台阶，明白可以从哪些方面提升自己的创业意识、素质与能力。大学生有意识地主动培养自己的创业意识、素质和能力，提高加强社会能力训练的自觉性，有利于自身更好地成长成才。

通过本章学习，你将能够：

1.了解创业意识的内涵，树立正确的创业观；

2.了解和掌握创业者应具备的素质和能力；

3.正确评估自己的创业潜力；

4.提升和增强创业能力。

第一节　创业意识的内涵

一、什么是创业

创业是指创立企业或事业，即创业者通过整合资源，抓住商机，并把商机转化为盈利模式的过程。狭义的创业是指创业者的生产经营活动，主要是开创个体和家庭的小业。广义的创业指创业者或组织的各项创业活动，其功能指向是成就国家、集体和群体的大业。

二、什么是创业意识

创业意识是指创业者从事创业活动的内在驱动力，是创业活动中起动力作用的个性因素，是创业者素质系统中的第一个子系统，即驱动系统。创业意识包含创业需要、创业动机、创业兴趣、创业理想等要素。

（一）创业需要

创业需要指创业者对现有条件的不满足，并由此产生的最新的要求、愿望和意识，是创业实践活动赖以展开的最初诱因和动力。但仅有创业需要，不一定有创业行为，异想天开者大有人在。只有创业需要上升为创业动机时，创业行为才有可能发生。

（图片来源：百度网）

（二）创业动机

创业动机指推动创业者从事创业实践活动的内部动因。创业动机是一种成就动机，是竭力追求获得最佳效果和优异成绩的动因。有了创业动机，才会有创业行为。

（三）创业兴趣

创业兴趣指创业者对从事创业实践活动的情绪和态度的认识指向性。它能激活创业者的深厚情感和坚强意志，既是产生创业意识的先决条件，又能使创业意识得到进一步的升华。

（四）创业理想

创业理想指创业者对从事创业实践活动的未来奋斗目标较为稳定、持续地向往和追求的心理品质。创业理想属于人生理想的一部分，主要是一种职业理想和事业理想，而非政治理想和道德理想。创业理想是创业意识的核心。

三、创业意识的内容

（一）商机意识

真正的创业者，会在创业前、创业中和创业后始终面临着识别商机、发现市场的考验。他必须有足够的市场敏锐度，可以宏观地审视经济环境，洞察未来市场形势的走向，以便作出正确的决策来保证企业的持续发展。

（二）转化意识

创业者仅有商机意识是不够的，还要在机会来临时抓住它，也就是把握机会，需要把商机转化成实实在在的收入，最终实现自己的创业梦想。转化意识就是把商机、机会等通过创业行动转化为生产力，把你的才能、你在学校学到的知识转化为智力资本、人际关系资本和营销资本。

（三）战略意识

创业初期给自己制订一个合理的创业计划，解决如何进入市场、如何卖出产品等基本问题。创业中期需要制订整合市场、产品、人力等方面的创业策略，转换创业初期战略。需要指出的是，创业战略不止一种，也没有绝对的好坏之分，关键是创业者要找到适合自己的创业之路。在这条路上，创业者应时刻保持战略的高度，不以朝夕得失论成败。

（四）风险意识

创业者要认真分析自己在创业过程中可能会遇到哪些风险，一旦这些风险出现，要懂得如何应对和化解。大学生是否具备风险意识和规避风险的能力，直接影响其创业的成败。

（五）勤奋、敬业意识

李嘉诚说："事业成功虽然有运气在其中，主要还是靠勤劳，勤劳苦干可以提高自己的能力，就有很多机会降临在你面前。"大学生创业，一定要务实，要勤奋，不能仅停留在理论研究上。大学生创业可以从小投资开始，逐步积累经验，不能只想着一口吃个胖子。没有资金，没有人脉都不要紧，关键在于你要有好的思路和想法，有勇气迈出第一步，才会有成功的可能。

四、大学生创业意识的重要性

创业意识是创业活动中非常重要的隐性因素。只有基于自身条件产生了强烈的创业需要，并力求达到创业成效，取得成就，培养成兴趣，作为一种人生职业理想，才可能从源头上为创业以及创业成功筑牢基础。同时，只有具有良好的商机意识，较强的转化意识、战略意识、风险意识、勤奋敬业意识，才可能真正把握住创业机会，取得创业成就。相反，没有良好的创业意识，再好的环境、机会摆在面前，都不会产生创业的想法，更不可能作为一种人生职业理想，从而胆大心细地坚持下去取得创业成就。

　　创业意识对创业素质和创业能力的提高也有非常重要的影响，它起到了基础和动力的作用。大学生具有良好的创业意识，才有利于其创业素质的挖掘和创业能力的提高。

案例分析

选择决定未来

　　有三人要被关进监狱三年，监狱长允许他们三人每人提出一个要求。美国人爱抽雪茄，要了三箱雪茄。法国人最浪漫，要了一个美丽的女子相伴。而犹太人说，他要一部能与外界沟通的电话。

　　三年后，第一个冲出来的是美国人，他嘴里鼻孔里塞满了雪茄，大喊道："给我火，给我火！"原来他忘了要打火机。接着出来的是法国人。只见他手里抱着一个小孩子，美丽女子手里牵着一个小孩子，肚子里还怀着第三个。最后出来的是犹太人，他紧紧握住监狱长的手说："这三年来我每天与外界联系，我的生意不但没有停顿，反而增长了200%，为了表示感谢，我送你一辆车！"

（资料来源：蔡松伯，王东晖，王小方.大学生创新创业指导[M].成都：西南财经大学出版社，2016.有删改）

　　分析：这则故事告诉我们，什么样的选择决定什么样的生活。今天的生活是由三年前我们的选择决定的，而今天我们的选择将决定我们三年后的生活。我们要选择接触最新的信息，了解最新的趋势，从而更好地创造自己的将来。

领导的科学

一个人去买鹦鹉，看到一只鹦鹉前标示：此鹦鹉会两门语言，售价200元。另一只鹦鹉前则标道：此鹦鹉会四门语言，售价400元。该买哪只呢？两只都毛色光鲜，非常活泼可爱。这人转啊转，拿不定主意。他突然发现一只老掉了牙的鹦鹉，毛色暗淡散乱，标价800元。

这人赶紧将老板叫来，问道："这只鹦鹉是不是会说八门语言？"

店主说："不。"

这人奇怪了，问道："那为什么又老又丑，又没有能力，会值这个价呢？"

店主回答："因为另外两只鹦鹉叫这只鹦鹉老板。"

（资料来源：蔡松伯，王东晖，王小方.大学生创新创业指导[M].
成都：西南财经大学出版社，2016.有删改）

分析：这则故事告诉我们，真正的领导人，不一定自己能力有多强，只要懂信任，懂放权，懂珍惜，就能团结比自己更强的力量，从而提升自己的价值。许多能力非常强的人却因为过于完美主义，事必躬亲，觉得什么人都不如自己，最后只能做最好的公关人员、销售代表，成不了优秀的领导人。

课堂活动

内容：创业动因分析

目的：认识创业动因与创业意识对创业成功的重要作用，增强创业意识与能力。

形式：请同学说出马斯洛需求层次理论，并作阐释，同时班级成员分成小组，利用这一理论分析创业者的创业动因（时长5分钟），并派小组代表发言（时长3分钟），最后教师点评。

▌课后思考实践

1.分析自己知道的成功创业者具有哪些优秀的创业意识。

2.分析自身性格、资金、人脉等条件，找相关的创业测评量表进行测试，分析自己是否适合创业，应该从哪些方面提高创业能力？

第二节　创业者的基本条件

一、创业者

创业者一词由法国经济学家坎蒂隆（Cantillon）于1755年首次引入经济学。1800年，法国经济学家萨伊（Say）首次给出了创业者的定义，他将创业者描述为将经济资源从生产率较低的区域转移到生产率较高区域的人，并认为创业者是经济活动过程中的代理人。著名经济学家熊彼特（Schumpeter）则认为创业者应为创新者。

在欧美学术界和企业界，创业者被定义为组织、管理一个生意或企业并承担其风险的人。创业者的对应英文单词是entrepreneur。entrepreneur有两个基本含义：一是指企业家，即在现有企业中负责经营和决策的领导人；二是指创始人，通常理解为即将创办的新企业或者刚刚创办的新企业的领导人。

香港创业学院院长张世平认为，创业者是一种主导劳动方式的领导人，是一种无中生有的创业现象，是一种需要具有使命、荣誉、责任能力的人，是一种组织和运用服务、技术、器物作业的人，是一种具有思考、推理、判断的人，是一种能使人追随并在追随的过程中获得利益的人，是一种具有完全权利能力和行为能力的人。

二、创业者需要具备的基本素质

创业基本素质也称为创业的基本条件或能力，从成为创业者这一角度来看，显然并无太多特殊的要求，创业者并不是特殊人群。而成功的创业者往往具备一些共性和特征，即创业动机、经验和能力以及创业资源，可以说，这三点是成功创业的基本条件，如图3-1所示。

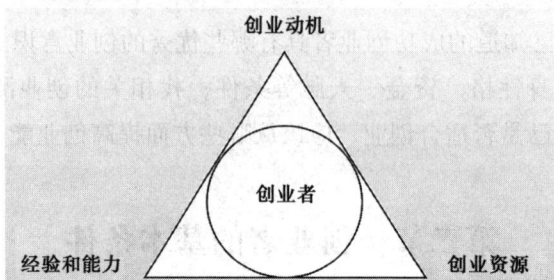

图3-1　成功创业的基本条件

（一）创业动机

无论是个人还是团队，想要成功创业，都需要具备强烈的创业意愿和坚定的创业动机。

创业动机是指创业者愿意冒各种风险去创立新的企业的激励因素。简单来说，就是"我为什么要去创办企业""我的企业未来发展目标是什么"。创业动机是成功创办企业的前提和基础，所以在创办企业之前你要正确评价自己的动机，动机越强烈，目标越明确，创业的成功率就越高。

创业不是一帆风顺的，许多成功创业的人都是在一次又一次失败的经历中重新站立起来的。强烈的创业动机是创业者面对挫折和失败时保持信心和毅力的关键。大学生要清醒地认识到，挫折和失败是创业过程中难以避免的，在挫折和失败中坚定创业信念，不气馁、不放弃，思考总结，从头做起，才能迈向真正的成功。

（二）经验和能力

要想成功创办企业，另外一个重要的问题就是你或者合伙人是否具备相关的经验、特殊能力和素质，包括创业的知识，企业管理者的决策、执行、沟通能力，相关的专业技能和行业经验，以及应对企业风险的心理素质等。

企业是一步一步做大做强的，这就要求创业者必须具备特殊的思想素质，具体包括：第一，既要志存高远，又要脚踏实地。创业者既要为企业做全局的、长期的战略规划，又要步步为营按照市场规律办事，从小处做起，做到精细管理。第二，既要有胆有谋，又要有风险防范意识。

创业不是靠运气，而是靠胆识和谋略，是一种理性的风险投资，这就要求创业者必须有胆有谋。同时，创业集融资、投资于一体，有一定的风险，这就要求创业者必须有一定的风险防范意识。

创业者必须掌握广博的知识，具有一专多能的知识结构。具体来说，创业者应该具有以下几方面的知识：第一，正确认识国家政策法规，唯有如此才能用足、用活政策，依法行事，用法律维护自己的合法权益。第二，了解科学的经营管理知识和方法，提高管理水平。第三，掌握与本行业、企业相关的科学技术知识，依靠科技进步增强竞争能力。第四，具备市场经济方面的知识，如财务会计、市场营销、国际贸易、国际金融等。

创业者的经验是形成管理能力的中介，是知识升华为能力的催化剂。缺少创业经验，是创业者特别是大学生创业者面临的一个重要问题。创业需要创业者具备很强的综合能力，一些创业者虽然有一些好的创业构想，但是由于缺乏创业经验，不是项目很难得到市场的认可，就是项目很容易被别人复制。要想提高自己的创业成功率，创业者就应该考虑如何积累创业经验，切实提高经验素质。

创业者在创业过程中需要协调企业内各部门、各成员之间的关系，同时，还要协调企业与外部相关组织、个人之间的关系，这种关系既包括工作关系也包括人际关系，所以要求创业者必须具备良好的协调素质。创业者的协调素质，是一种性质复杂的素质，要求创业者懂得一套科学的组织设计原则，熟悉并善于运用各种组织形式，善于用权，能够指挥自如，控制有方，协调人力、物力、财力，从而在企业的管理上获得最佳效果。

创业者在创业过程中难免会遇到各种挫折、压力甚至失败，这就需要创业者具有非常强的心理调控能力，能够持续保持积极、沉稳、自信、自主、刚强、坚韧及果断的心态，即有健康的创业心理素质。宋代大文豪苏轼说："古之立大事者，不惟有超世之才，亦必有坚忍不拔之志。"创业者只有具备处变不惊的健康心理素质，才能到达创业成功的彼岸。

（三）创业资源

创业除了动机与经验外，还需要获得充足而有效的资源，包括资金、房屋、原材料、设备和人员等，才能顺利创办企业。另外，基础设施

（如水电、电话、道路等）和外部的支持服务（如政府的政策、各种创业服务机构的帮助等）也是非常重要的。

足够的资金是创业必不可少的资源。如果你没有任何存款，也没有可以抵押的物品，你就不可能从银行或金融机构获得贷款，你很可能需要向家人或亲朋好友借钱。即使你有足够的资金，在创办企业的时候，你也不能把所有钱都投进企业。一般情况下，一个新创办的小企业需要经营3个月以上或者更长时间，才能赚到足够多的钱来支付你和家庭的生活费用。因此，你必须留一定的钱来负担企业赚钱之前你和家庭的生活费用及其他开支，才能走好企业创办的第一步。

三、提高创业素质的途径

（一）未雨绸缪，做好创业思想准备

凡事预则立，不预则废。大学生创业必须牢固树立投身创业的理想和志向，未雨绸缪，认真做好创业的各项准备，否则，在真正开始大干一场的时候，很容易被现实的困难、挫折所吓倒。有志于创业的大学生在校期间就要树立创业志向，有意识地培养创业的意志品质。大学生创业者要将创业理想和实际学习目标有机结合，不怕困难和挫折，严于律己，顺利完成学业，积极参加各种社会实践活动，在确定目标、制订计划、选择方法、执行计划和开始行动的整个实践活动中，加强意志品质锻炼，注意培养和提高自我认识、自我监督、自我评价和自我鼓励的能力，积极参加体育锻炼，在锻炼身体的过程中磨砺自身坚强的意志品质。

（二）寓学于行，提高创业素质水平

创业之难，有目共睹；创业成功，难上加难。大学生创业者要想取得创业成功，不仅要做好思想准备，还要自觉培养商业意识，潜心钻研相关商业知识。在创业实践中，大学生创业者要力争做到以下三点：一是要敏锐观察，科学分析，探求事物发展规律，去伪存真，把握事物本质；二是要自觉培养自身的信息处理能力，善于收集和利用信息，摸清市场运行的基本规律，积极主动寻求和创造商业机会；三是要纵深挖掘智慧潜能，激发企业活力，自觉形成立足现在、着眼未来的战略理念。因此，大学生创业者在锻炼和培养自己的创业才能时，绝不能仅仅从让

自己成功的方面去寻求提高的捷径，而必须从多方面打好扎实的基础，既要通过理论学习增长理论知识，也要通过创业实践来增强职业技能，更要通过创业过程中的竞争和自我否定来增长才能，使创业才能得到综合性提高，努力做到寓学于行、知行合一。

（三）坚持不懈，科学调整创业心态

人生难得几回搏。创业之路充满荆棘，成功和失败并存，大学生创业者既要有处于创业顺境时的忧患意识，更要有面临创业逆境时的抗压能力。在整个创业过程中，大学生创业者一般都会经历以下几个阶段：首先，不甘学习、生活和发展现状—确立创业目标—组建创业团队—为实现目标而奋斗；然后，不考虑任何物质利益地尝试—遭遇挫败—失败—再尝试—获得局部成功；最后，成功的点逐渐增多—成功从量的积累发展到阶段性的飞跃—最终走向成功。伴随创业过程的推进，大学生创业者的心态也将发生变化。创业者最初对项目的兴趣—对目标的热情—对团队工作的乐趣—梦想和理想化的前景激励；接下来是挫败、怀疑和信心的反复摧残和重建；最后是重新评估和对目标、自身的再认识—明确责任—找到新的乐趣和兴奋点。为此，大学生创业者要坚信"天生我材必有用"，增强创业自信心，在创业实践中科学调整心态，增强面对企业逆境时的思维反应能力和抗挫抗压能力。正所谓"长风破浪会有时，直挂云帆济沧海"。

案例分析

渴望激励成功

童烽烽，宁波市职业技术教育中心学校2000届毕业生，现任宁海县跃龙街道炎风电脑公司经理。

由于中考失利，童烽烽没有如愿考上普高，而是来到职业学校继续学业。在校期间，童烽烽成绩优秀，又是班里的团支书，并考取了计算机中级证书。尽管如此，毕业那年，童烽烽四处寻找合适的工作，却都不尽如人意。"给别人打工，不如自己当老板"，家人的一句玩笑话，却一语惊醒梦中人。但是，一个刚刚毕业的中专生，没有社会经验，没有足够的资金，拿什么去创业呢？

正在童烽烽心灰意冷的时候，一天，亲戚家的电脑坏了，请他上门维修，凭着过硬的专业技术，不到一个小时，问题就查出来了，是零件出了问题，需要更换。亲戚对电脑一窍不通，只能请童烽烽再跑一趟电脑市场，买来零件更换。就是这一来二去，带给了他创业的灵感。

为了实现自己的创业梦想，童烽烽放弃了安逸的生活，开始四处奔走。当地的电脑公司，大多没有上门维修的服务，这个市场空缺，让他看到了希望。他找人到住宅区和大街上分发传单，自己也在网上发布消息，凭借良好的技术和信誉，找他修电脑的人越来越多。

没过多久，童烽烽筹集了5万元左右资金，开了一家公司——宁海县跃龙街道炎凤电脑公司，主要采用分店合作模式，一般一个区域或乡镇开设一两个服务点，目前四个区域已经落实了服务人员。以前上门服务过的客户，都成了他的老客户，童烽烽的事业蒸蒸日上。

（资料来源：蔡松伯，王东晖，王小方.大学生创新创业指导[M].成都：西南财经大学出版社，2016.有删改）

分析：你觉得童烽烽能成功创业，首要的前提是什么呢？对，就是他渴望创业，想创业，敢创业，强烈的创业动机是创业成功的必要前提。创业艰苦且磨难很多，除了渴望创业以外，我们还要破除依赖心理和胆怯心理，要提高创业能力，富于创新，善于学习。只有苦过、累过、奋斗过的收获才是最宝贵的。

┃ 课堂活动

　　内容：分析自己是否具有创业者的基本条件
　　目的：培养创业意识，提高创业素质。
　　形式：将创业素质的符合程度分为"十分符合""一般符合"和
"不是太符合"三个档次，每个人对自己的符合程度进行自我诊断，
同学间相互点评，并分别对如何改进、提高创业素质发表意见，最
后教师点评。

┃ 课后思考实践

　　1.请结合自身实际，谈谈如何提高自己的创业素质？
　　2.以一个成功的创业案例为例，说明其体现了创业者的哪些创业
素质。

第三节　增强创业能力

一、创业者应具备的创业能力

　　创业能力是指创业者解决创业过程中遇到的各种复杂问题的本领，
是创业者基本素质的外在表现。从实践的角度看，创业能力表现为创业
者把知识和经验有机结合起来并运用于创业管理的能力。它具体包括以
下六个方面的能力：

　　（一）创业机会识别能力

　　创业机会识别能力是指创业者采用种种手段来识别市场机会的能力。
创业者要学会从现代社会各种渠道获取信息，发现市场机会，分析市场
环境，判断市场趋势。

（图片来源：百度网）

（二）创业风险决策能力

创业风险决策能力主要体现在创业者的战略决策上，即创业者在对企业内、外部经营环境进行周密细致的调查和准确而有预见性的分析的基础上，确定企业的发展目标，选择企业的经营方针并制订经营策略的能力。创业者有时候也要进行一些战术性决策，但更多的精力是用于战略决策。

（三）创业战略管理能力

创业战略管理能力指创业者整体地考虑企业经营环境，理解如何适应市场、如何赢取竞争优势的能力。创业者需要根据企业的优势、劣势并结合外部环境的机会、挑战正确地制订企业发展的战略目标。只有确定了正确的战略目标，企业才能走得更稳、更远。创业者的创业战略管理能力包括三个方面：第一，专业技能，即做好工作需要的知识、经验，如设计能力、系统分析能力等；第二，交际技能，即能使企业员工产生正面的工作态度的能力，如合作、协调、激励、沟通等；第三，概念思考力、综合判断能力，即能从企业整体的视野判断并解决问题，做出对公司整体有利的决策。

（四）创业开拓创新能力

创业开拓创新能力的实质是一种综合能力，它是各种智力因素和能力品质在新的层面上相互作用和有机结合所形成的一种合力。它是以智能为基础、具有一定科学根据的标新立异的能力。对追求事业成功的人来说，拥有开拓创新能力是非常重要的。竞争者有那么多，凭什么制胜，有什么条件令你出类拔萃，你一定要有一些特色、有一点创意，只有令人耳目一新，你才可以把握到人心。

（五）创业网络构建能力

创业网络构建能力是指创业者应当善于建立本行业的广泛社会网络，包括有关本行业的现代电脑网络。密集的行业网络沟通有助于创业者从广泛的社会网络中获取高回报的创业信息，促使创业者在巨型网络提供的信息精华中，吸取经验教训、培养创业精神，既勇于冒险，又坦然地接受失败。"网络"素质较高的创业者，由于掌握了丰富的发明、生产、销售等信息，因而其做出的决策更科学，创业成功率更高。

（六）创业组织管理能力

创业者是研究、开发、生产、销售等各个环节的协调者、组织者和领导者，因此，创业者应当具备组合生产要素，形成系统合力的组织管理能力。创业者尤其应具备以下两方面的能力：一是必须对自己经营的事业了如指掌，有预测生产和消费趋势的能力；二是善于选择合作伙伴，有组织或领导他人、驾驭局势变化的能力。

（七）社交能力

创业者要常与不同的人进行交往，如果拥有较强的社交能力，将有助于创业的成功。

二、为什么创业者要具备创业能力

创业能力是创业者创业成功的保证。创业者只有学会学习，有效地掌握各方面的信息，并且具有开拓创新精神，把握好创业心理、创业机会、创业行动、创业过程、创业计划等，在面临各种可能方案时，能根据实际条件，果断决策，了解行业发展、生产、销售等信息，对资源、人力等具有良好的组织、领导、协调能力，有良好的语言表达能力和社会交际能力，才能跟上时代的步伐，发现并把握商业机会，展开商业活动，取得创业成功。如果没有良好的创业能力，那么就不可能有效发现商业机会，不可能很好地吸引、整合各方面的资源和关系，不可能清楚行业发展的生产、销售等信息，不可能很好地开展创业各阶段的工作，创业之路也就举步维艰。

三、如何增强创业能力

（一）分析和找到自身的"短板"

美国管理学家彼得（Peter）提出的"短板理论"（又称"水桶定律"）认为，一个由多块木板构成的水桶，其价值在于盛水量的多少，但决定水桶盛水量多少的关键因素不是最长的木板，而是最短的木板。若要使此水桶盛水量增加，唯一的办法就是换掉短板。

"短板理论"告诉我们，大学创业者要认真分析自身的创业条件，找出自己的"短板"，并迅速将它做长补齐，以免制约你成功创业。很多人创业获得了成功，但最初创办企业时，他们并不都具备创业必需的所有素质或技能。技术可以学习，素质可以培养，条件可以改善。你应当克服自己的弱点，补齐你的"短板"。一个成功创业者需要具备综合创业素质。

（二）提升综合创业素质

大学生创业者通过对自身的分析，了解哪些能力和素质是自己的弱项，甚至是自己的"短板"，下一步就应该采取积极措施来弥补这些弱项，提高综合创业素质。

1.提高机会识别能力

大学生创业者可以通过以下四个方面提高自身的机会识别能力。第一，关注技术、市场和政策的变化，提高对环境变化的敏感度及警觉性；第二，重视交往，组建自己的社会网络，拓宽创业信息来源渠道；第三，明确创业目标，提高创业机会评价能力；第四，重视自身创造力的培养，塑造创造型人格，提升机会识别能力。

2.培养决策能力

大学生创业者培养决策能力应注意以下三点：第一，克服从众心理。决策能力强的人，能摆脱从众心理的束缚，解放思想，冲破世俗，不拘常规，大胆探索，唯有此，创业者才能独具慧眼，捕捉到更多的机遇。第二，增强自信心。创业者首先要有迎难而上的胆量，其次要变被动思维为积极思维，最后要培养自己的责任感和义务感。第三，决策不求十全十美，但要注意把握大局。

3.提高决策能力

大学生创业者提高决策能力主要有以下几种途径：从博学中提高决策的预见能力；从实践中提高决策的应变能力；从思想上提高决策的冒险能力；从心理上提高决策的承受能力；从思维上提高决策的创造能力；从信息上提高决策的竞争能力；从群体上提高决策的参与能力。

4.培养开拓创新能力

开拓创新需要胆识，也需要知识和才干。没有知识的积累，缺乏必要的才干，开拓创新就无从谈起。大学生创业者的知识和经验积累越多，开拓创新的能力就越强。因为一个人只有具备丰富的知识与经验，才能拥有超群的才干、过人的胆识，才能接受新思想、吸纳新知识、抓住新机遇、创造新成果。

发散思维又称创造性思维、求异思维，是沿着不同方向、不同角度，全方位、多层次地寻找解决问题答案的一种思维方式。大学生创业者具备发散性思维能力，对培养开拓创新能力来说无疑是如虎添翼。

5.积极利用可利用资源

大学生创业者可以从利用自身资源、关系等，争取与本行业、企业建立广泛联系，以信息共享、相互学习、借鉴等方式了解行业发展动态，进而汲取经验教训，做出科学决策。

6.提升沟通协调能力

大学生创业者要把握自己企业的现状，预测企业的未来，从提高自身人格魅力、紧密联系群众等方面组织、协调、管理好各方人力，相互配合、相互支持，有效地执行决策，提高效率，为组织目标齐心协力地奋斗。

　　娴熟的社交能力主要从两个方面来培养：第一，树立自己良好的社交形象。仪表大方，文雅得体，亲切和蔼，健谈幽默；要有吸引人的社交魅力；要学会体察各种人的心理；要掌握多种社交技巧，如社交语言运用的技巧、待人接物的技巧、各种社交场合交往的技巧等；掌握各个国家、各个民族的社交礼仪和风俗习惯。第二，要有良好的文字表达能力和口头表达能力。要善于与人交谈，能熟练自如地运用语言吸引听众，创造良好和谐的氛围；要善于辩论，能运用逻辑性思维和准确有力的语言驳倒对方的错误观点，同时做到有理、有礼、有节；要有谈判能力，能运用语言创造和谐的氛围，提出有益的建议，争取对方的理解和合作，维护公司的利益；要有演讲能力，善于运用演讲技巧，通过口头语言、身体语言，让自己的观点深深地感染听众。

▌案例分析

取舍

　　某家橡胶公司的营业部经理张先生，就今后公司的发展策略征求赵科长和李科长的意见。赵科长主张积极扩大公司的规模，李科长则认为要踏实经营。张经理是个敦厚、"凡事以和为贵"的上司。

　　赵科长的积极策略和李科长的慎重策略是互相对立的，张经理没有在二者中做任何选择，对他们的建议都说："喔！很好。"赵科长和李科长都认定经理支持自己的想法，于是两种截然不同的政策就在各地分店、营业所、代理店开始实施了。

　　结果，行销人员乱了阵脚，各自行动不一，饱受顾客批评。张经理认为，赵科长和李科长两人的能力不相上下，各有一番道理，所以他不想以决胜负的方式，去伤害其中任何一个人。即便如此，张经理还是必须在二者中做一个选择，而对意见未被采纳的人，他可以详细说明自己的想法。

　　如果张经理采取赵科长的积极策略，李科长可能会有所不满。相反地，如果李科长的意见被接受，赵科长可能会很沮丧。但是，在难以取舍的情况下，还是要有一个决定，否则像张经理这种优柔寡断的态度，会严重地影响整个公司的营运。上司常会有左右为难的困扰，尤其当双方各有优缺点时，更易陷入两难的局面。这时候取舍就显得尤为重要。

（资料来源：蔡松伯，王东晖，王小方.大学生创新创业指导[M].成都：西南财经大学出版社，2016.有删改）

分析： 就这家橡胶公司来说，因为张经理知道赵科长和李科长的个性截然不同，平常两个人的立场总是互相对立，所以才很难下决定。

其实，在这种时候，上司更应该站在中立的立场去做判断，抛开私情和同情，冷静地思考，最后给出明确的结论。虽然做出决定后，还是会有一些问题发生，但如果因此而犹豫不决，问题一定会更多、更大。

课堂活动

内容： 创业能力训练

目的： 了解创业者需要具备哪些方面的能力，并通过训练切实提高创业能力。

形式： 案例分析的形式。假设要在学校周围开一个关于地方特色小吃的小店，分小组讨论这些创业能力如何在创办小店中体现，然后小组中选出代表发言，最后教师点评。

课后思考实践

1.思考创业意识、创业素质、创业能力的关系。

2.结合自身实际，说说自己将怎样提高创业意识、创业素质与创业能力。

第四章　创业机会识别

　　生活中处处充满着美，只是缺少发现美的眼睛。创业机会同样如此，在当今信息爆炸的时代，如何更迅速地识别身边的创业机会，是当代大学生创业者需要关注的一个重要问题。特别是现在国家提倡"互联网+"，不仅给传统企业转型指出明路，也催生各类新媒体、新业态的企业如雨后春笋般出现，如何顺应时代的发展，响应国家"大众创业、万众创新"的号召，作为伴随着互联网成长的新一代大学生，就是要把握时代的先机。

　　通过本章学习，你将能够：

　　1.了解和发现创业机会；

　　2.筛选自己的企业想法；

　　3.了解市场调查的基本方法。

第一节　创业机会与创业环境

（图片来源：百度网）

一、创业机会概述

创业机会来源于具有商业价值的创意，其表现为特定的组合关系。

在一个完全自由的市场体系中，创业机会的出现往往是因为创业者准备进入的行业和市场上存在着缝隙，这是由商业环境的变化、市场体制不协调或不健全、技术的落后或领先、信息的不对称以及市场中其他各种因素影响的结果。对创业者而言，创业机会能否有效把握，依赖于创业者能否准确识别和充分利用这些市场缝隙。市场越不完善，相关知识和信息的缺口、不对称或不协调就越大，商业机会就越多，创业机会也就越多。

（一）创业机会的含义

创业机会主要是指具有较强吸引力的、较为持久的有利于创业的商业机会，创业者据此可以为客户提供有价值的产品或服务，同时使创业者自身获益。

（二）创业机会的特征

1.潜在的盈利性

盈利性是创业机会存在的基础。创业者追逐创业机会的根本目的是基于创业机会组建企业，进而获得财富。如果创业机会不具有盈利性，机会也就不是创业机会了。同时，创业机会的盈利性是潜在的。对这种潜在盈利性的理解尤其需要创业者拥有一定的知识和技能，同时也需要相关领域的实际经验。因此，这也为创业机会的评价和识别造成一定的难度。很多创业机会看起来似乎具备较强的盈利可能，但是经过仔细推敲之后却发现是虚假的信号。因此，在创业机会的识别和评价方面，创业者需要投入更多精力。

（图片来源：中国网）

2.创业机会需要具体的商业行为来实现

现实中，富有价值的创业机会往往具有很强的时效性，如果没有及时地把握住，一旦时过境迁，由于条件所限，原有市场不复存在，或者已经有其他创业者抢占市场先机，原先具有巨大价值的创业机会也会沦为无价值的市场信息了。将创业机会商业化，还取决于许多客观条件，特别是创业者所面临的创业环境和其拥有的资源状况。因此，在创业机会的识别和开发上，创业者应当做好充分准备。

3.创业机会的潜在价值能够不断开发和提升

创业机会的潜在价值依赖于创业者的开发活动，也就是说创业机会并不是被发现的，而是被"创造"出来的。创业机会的最初形态很可能仅仅是一些散乱的信息组合，只有创业者以及创业过程的各种利益相关者积极地参与机会识别，不断磨合各自的想法，创业机会的基本盈利模式才能逐步形成，最终成为正式的企业。因此，创业机会的潜在价值具备很强的不确定性，它会随着创业者的具体经营措施和战略规划而发生变动。如果创业者的战略方案与创业机会的特征得到良好的匹配，创业机会的价值就能得到很大的提升，创业活动也能够取得较好的效果。如果相关战略规划与创业机会特征不匹配，甚至产生严重的失误，那么即使创业机会潜在价值很大，也无法形成有效机会，甚至会导致创业失败。

4.创业机会的核心特征表现为具有商业价值的创意

从某种意义上说，创业机会是创意的一个"子集"。创业机会可以满足创意的诸多特征：来源广泛；具有较强的创新性；未来的发展带有很大的不确定性。但是，创业机会拥有大多数创意所不具备的一个重要特征：能满足顾客的某些需求，因而具有商业价值。这一特征使有商业价值的创业机会得以从众多创意中脱颖而出，成为创业者关注的焦点。有商业价值的创意有两个特性：有用性及可行性。换句话说，漫无目的、异想天开、天马行空的创意点子对创业是没有什么帮助的。

因此，从众多创意中寻找值得关注的机会，是创业者选择创业生涯、实施创业战略的第一步。而创业机会具有吸引力强、持久、适时的特征，它根植于可以为顾客或用户创造或增加价值的产品或服务中。

二、创业环境概述

（图片来源：百度网）

创业环境包括宏观环境和微观环境。目前，大学生创业所面临的宏观环境和微观环境都十分复杂。所谓创业环境，实际上就是创业活动的舞台。任何创业活动都是在一定的社会环境中进行的，在大学生迈向社会进入创业阶段的时候，呈现在其面前的就是一个巨大的时空舞台。在这个舞台上，诸多事物和要素互动联系、碰撞，形成了一个面面俱到的现实环境系统，因此创业环境对大学生创业具有十分重要的影响。

在大学生就业形势日益严峻的社会背景下，采取有效措施，为大学生创业营造良好的环境，对促进大学生创业并带动其就业具有十分重要的作用。

（一）宏观环境分析

1.政府金融政策支持

现在，一些地方政府解决这一问题的常用方法是专项资金扶持和贴息贷款。通过这两种途径，政府在短期内扶持了众多大学生创业者。政府为大学生自主创业提供各方面的保障，主要可以采用经济、行政以及法律的手段，如：简化不必要程序；建立创业教育培训中心免费为大学生提供项目风险评估和指导；尽快落实国家针对大学生创业的税收减免优惠政策；大学生创办的企业被认定为青年就业见习基地的，就可享受有关补贴等。

(图片来源：网易网)

创业不久的小彬，最近收到了一个来自某市科创通平台的"政策红包"，5万元的科创币让他有些意外，也有些欣喜。"中小微企业马上能兑现的科创币相对能减少很大一部分的费用问题，而且是实实在在马上可以变现的。"小彬对这些实惠很满意，"5万元或10万元的检测费，按照要求扣掉了以后，我们就可以只出自己该出的那部分，因为政府帮我们掏腰包了，对我们来讲是非常实惠的。"刚刚完成无线通信电子产品测试的小彬算了一笔账，此次检测费用为10万元，使用科创币可以直接抵扣20%，也就是2万元。这对一家刚刚起步的企业来说，可以节省一笔不小的研发投入。

2.创业培训

政府部门除在资金上支持大学生创业外，还通过学校等教育机构对大学生进行创业培训，如SYB创业培训，培训内容包括申请贷款程序、创业者应具备的心理素质、基本的金融知识等。

通过系列培训，大学生创业者能坚持理想，贯彻计划，取得最终的成功。学校环境方面，如：学校政策鼓励支持，形成积极创业的文化氛围；在学校建立配套科技园，加强创业教育，通过创业实践或比赛等多种形式培养大学生的创业能力；同时适度向大学生开放校内市场，以便为大学生创业实践搭建创业服务平台。

（二）微观环境分析

大学生创业微观环境分析主要是针对自己的创业流程的一个详细分析，具体如图4-1所示。

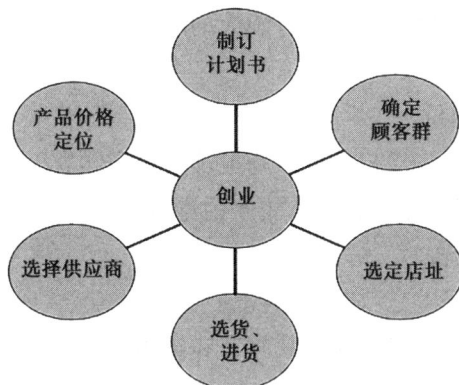

图4-1　创业流程图

1.制订计划书

比如，要在市区开一个卖牛仔裤的店，开店之前要制订一份计划书。制订营销计划时要将各个环节相互联系构成一个完整的内部环境，各个环节的分工是否科学，协作是否和谐，目标是否一致，都会影响营销决策和营销方案的实施。

2.确定顾客群

顾客群的不同直接影响价格的定位，所以人流量是在创业前最看重的一点。服装店的主要客户人群非常广泛，不论男女，60岁以下的人群和青年都适合，目标是让每一个进来的顾客都可以找到自己喜欢的牛仔裤。

3.选定店址

大多数大学生创业者选店址会选一些比较熟悉的环境，如将店址选在大学附近，或者是交通比较便利的地方。

4.选货、进货

选货要掌握当地市场行情：出现哪些新品种，销售趋势如何，存量多少，价格涨势如何，购买力状况如何?进货时，先到市场上转一转、看一看、比一比、问一问、算一算、想一想，再着手落实进货。少进试销，然后再适量进货。因为是新店开张所以款式一定要多，给顾客的选择余地要大。

5.选择供应商

供应商是指为企业及其竞争者提供生产经营所需资源的企业或个人，供应商为企业提供原材料、设备、能源、劳务和其他用品等。因为大学生创业者的资金比较匮乏，没有很大的进货量，所以供应商的选择应当适合自己的店面大小。

6.产品价格定位

大学生的产品一开始没有市场也没有固定顾客，要吸引顾客就只有将产品的定价降低，获得比别人更多的竞争力。

（三）创业资源

1.家庭条件

家庭是创业者早期接受启蒙教育和健康成长的摇篮。创业者的家庭条件因人而异，无论家庭条件好还是家庭条件差一些，对创业者来说都是可以利用的资源。有的家庭条件相对好一些，如家庭主要成员在社会上具有一定的地位或影响，创业者早期便能结识一些有利于将来从事创业活动的关键人物。有的家庭是继承并在不断从事或扩大家庭传统的创业项目，多年的经营，为创业者提供了大量的经营项目和经营经验，加之生产或经营技术的传统垄断性，创业者在创业活动中往往容易成功。也有一些创业者家庭条件很一般，有的甚至较差，但这并不影响创业者的自信心和创业活动。从古至今，仍有许多创业者克服了重重困难，通过自身的艰苦努力逐步实现了自己的创业理想和抱负。

2.人际关系条件

人际关系条件对创业者来说也十分重要。尤其是在当前市场经济条件下，搞好人际关系，对创业者顺利完成创业活动将起到积极的促进作用。所谓人际关系条件主要是指创业者在自己的工作、学习以及生活空间内，通过交往而逐步形成的相对稳定的联系，对创业者从事创业活动有促进和影响的各种有利条件。人具有社会属性和自然属性，其社会属性主要通过人的社会行为体现出来，具体表现在作为个体的人在衣食住行等方面都不可能脱离这个社会群体，总要直接或间接地与他人发生联系。这样，创业者总在自己的生活范围内逐步形成一个相对稳定的关系网络。这个网络对创业者来说，是一笔不可多得的财富。同时，作为创业者还要学会充分利用和调动这些有利因素，使其能最大限度地为创业活动提供援助。

3.自身素质条件

创业者的自身素质条件决定了创业者的创业活动性质和经营范围，

也决定了创业者最终能否获得成功。创业者自身素质应包括文化素质、身体素质和心理素质等智力因素和非智力因素。在当今社会，一个成功的创业者首先要有较高的文化素质。

案例分析

优质咖啡屋

小柠今年25岁，她的母亲经营一家建筑公司，父亲经营一所私人音乐学校。读高中期间，小柠是学校学生会主席。通过学生会的活动，她接触到了蓝色咖啡屋，这个咖啡屋在A市某旅游点进行着特许经营。在蓝色咖啡屋，小柠在所有部门都工作过，还与员工和经理讨论过业务，因此她体验并掌握了经营咖啡屋的诀窍，并获得了相应的资质证书。

小柠在大学期间主修信息和通信技术，辅修小型宾馆管理。在学校要求的暑期实践活动中，她为多家小型宾馆设计和实施了ICT系统，并获得SIFE中国区总决赛的第一名。毕业后，小柠在一家四星级宾馆工作了一段时间，接着她申请并获准经营优质咖啡屋。这家咖啡屋租用了某写字楼的底层和草地。

小柠基于早前对该咖啡屋的了解，以及与相关人士的探讨，已知晓下列信息：优质咖啡屋在获得市政府营业执照后，由另一名女士经营了10年左右。这位女士后来成立了一家公司为当地的超市加工食品，最近还移民到了外国定居。

优质咖啡屋的空间非常宽敞。它的目标顾客是该写字楼的办公人员（约3000人）以及附近3000多名居民。咖啡屋早上七点开门营业，晚上十点关门，每天大概接待顾客900余人。咖啡屋还向附近的居民提供直接配送业务、外卖服务及直接服务（自助服务和服务员服务）。在这个商业区内还有其他四家咖啡屋。第一家由于营业空间太小，显得非常拥挤；第二家是一家国际特许经营店，价位很高；第三家位于隔壁建筑的第三层；而第四家则位于后街，且这家咖啡屋没有设置座位。目前，小柠的优质咖啡屋已经占据了该区域15%

的市场份额。

（资料来源：蔡松伯，王东晖，王小方. 大学生创新创业指导[M].

成都：西南财经大学出版社，2016. 有删改）

分析：小企业的创办原则是志向要大，计算要精，规模要小。

课堂活动

内容：分析环境能力训练

目的：提高对分析创业环境的重要性的认识，提高把握创业机会的能力。

形式：每个人列举自己知道的或身边的创业案例（至少一个），分析其中体现的创业条件和微观创业环境、宏观创业环境。同学间相互讨论，发表意见，最后教师点评。

课后思考实践

1. 创业机会有哪些特点？
2. 如何寻找合适的创业机会？
3. 怎样具体地分析创业环境？
4. 为什么说创业前要做好创业准备，主要从哪些方面做准备？

第二节　筛选企业想法

一、什么是企业想法

一家成功的企业始于正确的理念和好的想法。合理而又周密的企业想法可以避免日后的损失。如果你的企业想法不合理，那么，企业注定是会失败的。因此一个好的企业想法是实现创业者愿望和创造商机的第一步，那么，什么是企业想法呢？

企业想法是用简短精确的语言对打算创办的企业的基本业务的描述。在创办一家企业之前，你需要对未来将要创办的企业有一个明确的想法。

一个成功的企业想法既要能够满足顾客的需求，又要能够为企业带来利润。你的企业想法应当包括：

· 企业将销售什么产品或服务。

· 企业将向谁销售产品或服务。

· 企业将如何销售产品或服务。

· 企业将满足顾客的哪些需求。

（一）企业将销售什么产品或服务

当我们走在大街上会看到各种各样、大大小小的商店，有超市、服装店、理发店等等，他们有的进行的是实物交易，有的是通过提供服务来获得收益的。如果你打算创办企业，你的企业销售什么是首先需要考虑的问题。

现在市场上的企业主要分为四大类型。第一类是贸易企业，通过批发或者零售等方式，将自己或者别人的产品销售给消费者从而获得收益；第二类是加工制造企业，通过生产实物产品盈利；第三类是服务企业，通过提供服务或者劳务获得收益；第四类是农、林、牧、渔业企业，利用土地或水域进行生产、种植、养殖或者饲养等最终获得收益。

（二）企业将向谁销售产品或服务

不同的企业所面对的消费者是不同的，文具店面向学生进行销售，药品店面向病人进行销售，玩具店面向小孩子进行销售，你的企业将向谁销售产品或服务呢？

（三）企业将如何销售产品或服务

企业将通过传统的销售方式还是新兴的销售方式销售产品或服务，这也是我们需要考虑的一个比较重要的问题。对不同类型企业而言，有很多不同的销售方式，如通过线下销售和线上销售可能带来截然不同的效果。

（四）企业将满足顾客的哪些需求

顾客的需求大致分为物质需求和精神需求。其中，物质需求表现在人们没有达到一定的消费能力之前，为了获取赖以生存的物质所带来的消费。精神需求则是在满足了物质需求后，为了得到更多的非物质需求——精神需求而带来的消费。如今市场上，两种需求都能给企业带来收益，你的企业将满足消费者的哪种需求也是你需要思考的重要问题。

二、产生你的企业想法

每个人想要创办的企业有所不同，每个人产生的企业想法也不同，我们应该从哪些方面着手，产生自己的企业想法呢？

（1）从自己身边着手发现，调查你身边的社区有多少家企业，分别是什么企业，并调查一下这些企业、机关、事业单位及当地群众在生产生活中需要什么、缺少什么，从中寻找商机和潜在可能的发展。

（2）利用自己的兴趣或经验，平时对哪一方面比较感兴趣，对哪个领域有所涉猎并且也有消费需求，经过总结和筛选也能产生企业构思。

（3）利用各种资源，调查寻找有无可利用的自然资源（如矿产、土地资源）和商品资源，通过新的想法来合理利用这些资源。

（4）参观各种商品展销会，既能拓展思路，也能产生企业构思。

（5）在网上寻找项目，并实地考察可行性，也能产生自己的企业想法。

（6）头脑风暴法。头脑风暴法可以激发创新思维，其原因主要有以下几点：

首先，头脑风暴会产生联想反应。联想是产生新观念的基本过程。在集体讨论问题的过程中，每提出一个新的观念，都能引发他人的联想，相继产生一连串新观念，产生连锁反应，形成更多新观念，为创造性地解决问题提供更多的可能性。

其次，在头脑风暴的过程中，人容易被热情感染。在不受任何限制的情况下，集体讨论问题能激发人的热情。人人自由发言、相互影响、相互感染，能形成热潮，突破固有观念的束缚，最大限度地发挥创造性的思维能力。头脑风暴还能激发竞争意识。在有竞争意识情况下，人人争先恐后，竞相发言，不断地开动思维机器，力求有独到见解、新奇观念。心理学的原理告诉我们，人类有争强好胜心理，在有竞争意识的情况下，人的心理活动效率可增加50%或更多。

最后，头脑风暴法能刺激个人欲望。在集体讨论解决问题过程中，个人的欲望自由，不受任何干扰和控制，是非常重要的。头脑风暴法有一条原则，即不得批评仓促的发言，甚至不许有任何怀疑的表情、动作、神色。这就能使每个人畅所欲言，提出大量的新观念。

三、筛选你的企业想法

到目前为止，大家产生了很多企业想法，但是不知道从哪儿入手筛选自己的企业想法，并最终确定自己的企业想法，所以我们需要对自己的企业想法进行筛选，留下一个最适合、最有发展前途的想法，并将企业想法付诸实践。一般而言，筛选企业想法首先需要制作企业想法清单，并进行分析。

（一）整理企业想法

在日常生活中，你可能已经有了几个甚至更多的企业想法，接下来需要做的是将这些企业想法逐步减少到3~6个，只留下你认为最适合的想法。认真思考每一个想法，将它们制作成企业想法清单（表4-1），在清单中的企业可能还有很多方面是你所不了解的，通过回答以下四类问题来分析每个企业想法将帮助你作出选择。

表4-1　企业想法清单

维度	思考内容
（1）顾客	·你怎么知道你所在的地区对这家企业有需求？
	·谁将是这家企业的顾客？
	·顾客的数量足够多吗？
	·顾客有能力购买这种产品或服务吗？
	·顾客愿意到你的企业购买产品或服务吗？
（2）竞争对手	·你要创办的企业是你准备创业地区同类企业中的唯一一家吗？
	·如果有其他类似的企业，你如何才能成功地与它们竞争？
（3）资源和需求	·你如何才能提供顾客需要的产品并保证服务质量？
	·你从哪里获得资源来创办这家企业？
	·你从哪里能够得到创办这家企业的建议和信息？

续表

维度	思考内容
	·企业需要设备、厂房或合格的员工吗？
	·你能够得到满足这些要求所需的资金吗？
	·你对这家企业的产品或服务了解多少？
	·你有哪些技能、知识和经验能够帮助你经营这家企业？
（4）你的技能、知识和经验	·为什么你认为这家企业会盈利？
	·你能想象未来十年中自己一直在经营这家企业吗？
	·你的个性和能力如何才能适应这家企业的经营？
	·你对这家企业是否确实很感兴趣，是否愿意投入大量的时间和精力促使企业成功？

思考与练习

将你产生的企业想法汇总在一张企业想法清单里并进行比较。

（二）分析你的企业想法

（图片来源：百度网）

当我们把自己的企业想法减少到3个或更少时，我们就需要通过更多的不同侧面来收集更多的信息帮助我们判断和分析。分析企业想法的目的在于分析你接受或放弃一个企业想法的各种因素，可以从以下三个方面着手：

1.实地调查

通过与顾客、竞争对手、供应商和其他能够提供关键信息的人士交谈，你能够收集到一些十分有用的信息，用以了解那些影响你的企业想法的因素。

你可以通过非正式的交谈或观察，也可以安排正式的访问等，获取对自己有利的信息和资源，再进行筛选，最后做出决定，同时，交往的过程也是个人资源积累的过程。

▌▌ 思考与练习

为你的企业想法制作一张实地调查表。

2.SWOT分析法

所谓SWOT分析法，即基于内外部竞争环境和竞争条件下的态势分析，就是将与研究对象密切相关的各种主要内部优势、劣势和外部机会、威胁等，通过调查列举出来，并依照矩阵形式排列，然后用系统分析的思想，把各种因素相互匹配加以分析，从中得出一系列相应的结论，而结论通常带有一定的决策性。SWOT分析模型如图4-2所示。

优势（Strengths）	机会（Opportunities）
劣势（Weeknesses）	威胁（Threats）

图4-2　SWOT分析模型

运用这种方法，可以对研究对象所处的情景进行全面、系统、准确的分析，从而根据研究结果制订相应的发展战略、计划以及对策等。S（Strengths）是优势，W（Weaknesses）是劣势，O（Opportunities）是机会，T（Threats）是威胁。按照企业竞争战略的完整概念，战略应是一个企业"能够做的"（即组织的优势和劣势）和"可能做的"（即环境的机会和威胁）之间的有机组合。

3.环境影响评估

所有的企业都是我们生存环境的一部分，并与环境息息相关。环境由物质要素（如水、空气和土壤）、生物成分（如植物和动物）以及社会成分（像你我一样的人）构成。企业会对环境产生直接和间接的影响。企业要为原材料开采和从环境中获取其他资源买单，在将这些资源转变为产品的过程中会对环境产生影响，最后，还要在环境中与顾客进行产成品交易。

一家企业对环境的影响既可能是积极的，如为当地人提供就业机会和收入来源，同时，企业也可能对环境产生消极影响，因为它可能会开采大量的非再生资源，或在生产过程中污染环境。因此为了保证你计划创办的企业能够长期生存和可持续发展，你必须正确评估企业对环境影响，避免因为企业对环境的消极影响而对企业的生产运行带来阻碍。

║ 案例分析

头脑风暴法

有一年，美国北方格外冷，大雪纷飞，电线上积满了冰雪，大跨度的电线常被积雪压断，严重影响通信。过去，许多人试图解决这一问题，但都未能如愿以偿。后来，电信公司经理应用奥斯本发明的头脑风暴法，尝试解决这一难题。他召开了一种能让头脑卷起风暴的座谈会，参加会议的是不同专业的技术人员，要求他们必须遵守以下原则：

第一，自由思考。即要求与会者尽可能解放思想，无拘无束地思考问题并畅所欲言，不必顾虑自己的想法或说法是否"离经叛道"或"荒唐可笑"。

第二，延迟评判。即要求与会者在会上不要对他人的设想评头论足，不要发表"这主意好极了！""这种想法太离谱了！"之类的

"捧杀句"或"扼杀句"。至于对设想的评判，留在会后组织专人考虑。

第三，以量求质。即鼓励与会者尽可能多而广地提出设想，以大量的设想来保证质量较高的设想的存在。

第四，结合改善。即鼓励与会者积极进行智力互补，在增加自己提出设想的同时，注意思考如何把两个或更多的设想结合成另一个更完善的设想。

按照这种会议原则，大家七嘴八舌地议论开来。有人提出设计一种专用的电线清雪机；有人想到用电热来化解冰雪；也有人建议用振荡技术来清除积雪；还有人提出能否带上几把大扫帚，乘坐直升机去扫电线上的积雪。对"坐飞机扫雪"的设想，尽管大家心里觉得滑稽可笑，但在会上也无人提出批评。相反，有一位工程师在百思不得其解时，听到坐飞机扫雪的想法后，大脑突然受到冲击，一种简单可行且高效的清雪方法冒了出来。他想，每当大雪过后，出动直升机沿积雪严重的电线飞行，依靠高速旋转的螺旋桨即可将电线上的积雪迅速扇落。他马上提出"用直升机扇雪"的新设想，顿时又引起其他与会者的联想，有关用飞机除雪的主意一下子又多了七八条。不到一小时，与会的10名技术人员共提出90多条新设想。

会后，公司组织专家对设想进行分类论证。专家们认为设计专用清雪机，采用电热或电磁振荡等方法清除电线上的积雪，在技术上虽然可行，但研制费用高、周期长，一时难以见效。因"坐飞机扫雪"激发出来的几种设想，倒是一种大胆的新方案，如果可行，将是一种既简单又高效的好办法。经过现场试验，发现用直升机扇雪真能奏效，一个久悬不决的难题，终于在头脑风暴会中得到了巧妙解决。

随着发明创造活动的复杂化和课题涉及技术的多元化，单枪匹马式的冥思苦想将变得软弱无力，而"群起而攻之"的发明创造战术则显示出攻无不克的威力。

（资料来源：蔡松伯，王东晖，王小方.大学生创新创业指导[M].成都：西南财经大学出版社，2016.有删改）

分析：头脑风暴产生的联想反应为创造性地解决问题提供了更多的可能性。

课堂活动

内容：产生你的企业想法并进行筛选
目的：通过筛选得到好的企业想法
形式：首先分组，同学们通过头脑风暴法产生自己的企业想法，然后利用SWTO分析法进行筛选，最后每组选出两位同学进行发言。

课后思考实践

1.思考你有什么好的企业想法？
2.利用SWOT分析法分析你的企业想法的劣势和威胁，有无可以克服或者改进之处？

第三节　市场调查

一、什么是市场

通常在创业中所谓的市场一般泛指商品交换和流通，需要企业产品或服务的顾客为市场。这些顾客愿意购买并且具有一定的购买能力，他们可能是个人或其他企业，因此也包括现有的顾客和潜在的顾客。

在市场营销观念中，企业面对市场会采取不同的营销策略，使自己的产品和服务尽可能地销售出去，达到企业盈利的目的。通常来讲有三种市场营销观念：

（1）产品导向观念。这种观念重视产品，认为有产品就一定有顾客购买，重视生产效率和产品质量，而不是顾客的需要。

（2）推销导向观念。企业认为推销是万能的，企业应主要依赖销售队伍和广告促销增加销售量。

产品导向观念和推销导向观念在企业发展的一定阶段是适用的，然而它忽视了市场的基本规律，很难适应市场的变化、满足顾客的需求和保持持续的发展。

（3）顾客导向观念。这种观念也叫市场营销观念，强调了解并满足顾客的需求，才能获得持续的利润。

市场调查正是基于顾客导向的市场营销观念而产生的，调查和分析企业的顾客，才能够持续有效地保证企业及时了解顾客需求，从而改进产品和服务，获得持续盈利的能力。

二、市场调查的含义

市场调查是指运用科学的方法，有目的、有计划地收集、整理、分析有关供求、资源的各种情报、信息和资料。它是把握供求现状和发展趋势，为制订营销策略和企业决策提供正确依据的信息管理活动。通过市场调查，我们可以获取有利的市场信息，为筛选企业想法、创办企业等提供一定的参考和建议。

三、市场调查的意义

（一）有助于改进企业的生产技术，提高管理水平

市场调查有助于企业更好地吸收国内外先进经验和最新技术，改进生产技术，提高管理水平。当今世界，科技发展迅速，新发明、新创造、新技术和新产品层出不穷，日新月异。这种技术的进步自然会在商品市场上以产品的形式反映出来。通过市场调查，我们可以及时了解市场经济动态和最新的科技信息，为企业提供最新的市场情报和技术生产情报，以便更好地学习和吸取同行业的先进经验和最新技术，改进企业的生产技术，提高人员的技术水平，提高企业的管理水平，从而提高产品的质量，加速产品的更新换代，增强产品和企业的竞争力，保障企业的生存和发展。

（二）为企业管理部门和有关负责人提供决策依据

任何企业都只有在对市场情况有实际了解的情况下，才能有针对性地制订市场营销策略和企业经营发展策略。在企业管理部门和有关人员

要针对某些问题进行决策时，如进行产品策略、价格策略、分销策略、广告和促销策略的制订，通常要了解的情况和考虑的问题是多方面的，主要有：本企业产品在什么市场上销售较好，有发展潜力；在那个具体的市场上预期可销售数量是多少；如何才能增加企业产品的销售量；如何掌握产品的销售价格；如何制订产品价格，才能保证在销售和利润两方面都能增长；怎样组织产品推销，销售费用又将是多少；等等。这些问题都只有通过具体的市场调查，才可以得到具体的答复，而且只有通过市场调查得来的具体答案才能作为企业决策的依据；否则，就会形成盲目的、脱离实际的决策，而盲目往往会导致失败和产生损失。

（三）增强企业的竞争力和生存能力

由于现代化社会大生产的发展和技术水平的进步，商品市场的竞争变得日益激烈。市场情况在不断地发生变化，而促使市场发生变化的原因，不外乎产品、价格、分销、广告、推销等市场因素和有关政治、经济、文化、地理条件等市场环境因素。这两种因素往往又是相互联系和相互影响的，而且不断地发生变化。因此，企业为适应这种变化，就只有开展广泛的市场调查，及时了解各种市场因素和市场环境因素的变化，从而有针对性地采取措施，通过对市场因素，如价格、产品结构、广告等的调整，去应对市场竞争。对企业来说，能否及时了解市场变化情况，并适时适当地采取应变措施，是企业能否取胜的关键。

四、市场调查的分类

（一）根据购买商品的目的分类

根据购买商品的目的不同，市场调查可分为消费者市场调查和产业市场调查。

1.消费者市场调查

购买是为了满足个人或家庭的生活需要，如我们去超市购买米、油和蔬菜。分析消费者市场数量主要是为了了解消费者的需求数量和结构变化。而消费者的需求数量和结构变化受到多方面因素，如人口、经济、社会文化、购买心理和购买行为等的影响。对消费者市场进行调查，我们除直接了解需求数量及其结构变化外，还必须对诸多的影响因素进行调查。

2.产业市场调查

产业市场也称生产资料市场，其购买目的是生产出新的产品或进行商品转卖。产业市场是初级产品和中间的消费市场，涉及生产领域和流通领域。产业市场调查主要是对市场商品供应量、产品的经济寿命周期、商品流通渠道等方面的内容进行调查。

（二）按调查范围分类

按调查范围不同，市场调查可分为需求调查和供给调查。

1.需求调查

需求调查是对市场中的消费进行调查，包括现实的消费、潜在的消费、购买行为以及消费水平变化等。

2.供给调查

供给调查是对某一时期内，在某市场中投放商品供给量的调查，包括进货途径、数量和货源结构等。

（三）按商品流通环节分类

根据商品流通环节不同，市场调查可分为批发市场调查和零售市场调查。

1.批发市场调查

商品批发是生产加工或进一步转卖出售商品的交易行为。批发市场调查主要是从批发商品交易的参加者、批发商品流转环节的不同层次、批发商品购销形式、批发市场的数量和规模等方面进行的调查。

2.零售市场调查

商品零售是为了满足个人或社会集团消费需求的商品交易。零售市场调查是指为了了解商品在零售商业领域的流通、交易情况而对零售市场的数量、规模、分布及零售商品的供求总量、结构等情况进行的调查。零售市场直接面对消费者，企业的经营活动很多与零售市场息息相关。

（四）按产品层次分类

根据产品层次不同，市场调查可分为不同产品类型的市场调查。如按商品大类可分为食品类、衣着类、日用品类、医药类、燃料类等市场调查。按商品大类进行的市场调查，其资料可以用于研究居民的日常生活结构及其变化，从总体上研究市场。各种商品大类的市场调查还可以进一步细分为不同的小类或具体商品的市场调查。如食品大类商品又可划分为粮食类、副食类、调味品类等小类商品的市场调查。按商品小类进行市场调查，所取得的资料对研究不同商品的供求平衡、组织商品生产与营销、提高企业的经济效益是必需的，对宏观经济研究也有重要作用。

（五）按空间层次分类

根据空间层次不同，市场调查可分为国内市场调查与国际市场调查。

1.国内市场调查

国内市场调查是指以国内市场为对象进行的调查，可以分为全国性市场调查、地区性市场调查，还可以分为城市市场调查、农村市场调查。

2.国际市场调查

国际市场调查是指以世界市场的需求动向为对象进行的调查。我国国内市场是国际市场的重要组成部分，国际市场同时也影响着我国国内市场。按不同空间组织的市场调查资料，对研究不同空间市场的特点、合理地组织各地区商品生产与营销、合理地制订地区间商品流通计划，具有十分重要的价值。

（六）按时间层次分类

根据时间层次不同，市场调查可分为定期市场调查和不定期市场调查。

1.定期市场调查

定期市场调查是指对市场现象每隔一段时间就进行一次调查。其目的在于获得关于事物发展变化过程及其结果的全部信息资料。

2.不定期市场调查

不定期市场调查则是为了解决某种市场问题而专门组织的一次性调查。其目的在于收集事物在某一特定时间点上的水平、状态等资料。

（七）按调查组织的方式分类

根据调查组织的方式不同，市场调查可分为全面市场调查和非全面市场调查。

1.全面市场调查

全面市场调查又称为普查，是对市场调查对象总体的全部单位进行的调查，目的是了解市场的一些至关重要的基本情况，对市场状况做出全面、准确的描述，从而为制订相关政策、规划提供可靠的依据。其调查结果虽比较正确，但不易施行，需要一定的人力、物力等支持。

2.非全面市场调查

非全面市场调查是对市场调查对象总体中的部分单位进行调查。它又分为市场典型调查、市场重点调查和市场抽样调查。市场典型调查是从总体中选择具有代表性的部分单位作为典型进行的调查，其目的是通过典型单位的调查来认识同类市场现象总体的规律性及其本质。市场重点调查是从总体中选择少数重点单位进行的调查，其目的是通过对这些重点单位的调查来反映市场的基本情况。市场抽样调查是根据概率原则选择适当样本进行的调查，其结果可以控制，在市场调查中应用范围较广。

（八）按调查的内容分类

根据调查的内容不同，市场调查可分为定性市场调查与定量市场调查。

1.定性市场调查

定性市场调查是根据性质和内容对市场进行调查，如对市场环境、政治经济环境，以及来自消费者各个方面的反应等进行定性分析，为企业的营销决策提供可靠依据。

2.定量市场调查

定量市场调查主要是指收集和了解有关市场变化的各种数据进行量化或模型分析，预测潜在的需求量和商品销售的变化趋势。

（九）按调查的方法分类

按市场调查的方法不同，市场调查可分为文案调查和实地调查，如图4-3所示。

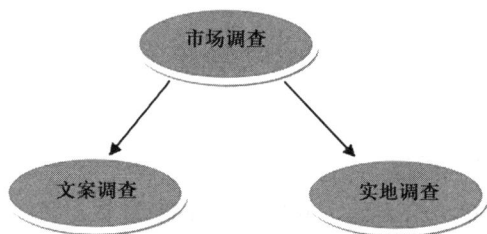

图4-3　按调查的方法分类

1.文案调查

文案调查是指通过收集各种历史和现实的动态统计资料，从中摘取与市场调查课题有关的信息。文案调查具有简单、快速、节省调查经费等特点，尤其是用于历史资料和现状的了解，它既可作为一种独立方法来运用，也可作为实地调查的补充。

2.实地调查

实地调查是指调查者自身收集第一手市场资料的方法。它包括观察法、实验法和访问法。实地调查在借助科学研究方法的基础上，能够得到比较真实的资料和信息。

五、市场调查步骤和内容

（一）了解顾客

顾客是企业的根本，如果你不能以合理的价格向他们提供他们需要的产品，他们就会到别处去购买。对你感到满意的顾客会成为你的回头客，他们会向自己的朋友和亲人宣传你的企业。因此让顾客满意，就意味着会给你带来更高的销售额和利润，首先就需要了解你的顾客真正的需求点是什么。

（二）寻找你的目标顾客

寻找你的目标顾客一般分为两个步骤：顾客细分和目标顾客选定。

1.顾客细分

顾客细分是将市场划分成不同类型顾客的过程。不同的顾客可能需要不同的产品和服务。顾客细分能帮助你了解到：

· 潜在的顾客在哪里，国内、国外、农村、城市？

· 顾客有哪些，个人、单位、成人、儿童？

· 顾客的职业特征、生活方式。

· 顾客的消费习惯。

· 顾客的消费潜力。

2.目标顾客选定

目标顾客选定是指对每一类细分顾客的分析，看看哪一类顾客对你来说是有潜在价值和吸引力的，并选择一个或多个人群作为你的未来营销目标。它能帮助你弄清：

·你打算向哪一类顾客销售你的产品或服务？

·他们想要什么产品或服务？

·他们的职业特征、购买习惯是怎样的？

·他们未来的人数将会增加还是减少？

通过顾客细分和目标顾客选定，你将清晰地找到你的企业未来的市场，然后再进行深入研究。

（三）收集目标顾客的信息

收集目标顾客的信息，就是做顾客方面的市场调查，这对任何创业计划都是很重要的。创业者要全面、细致地了解谁是你的顾客（Who）、他们需要什么（What）、他们何时购买（When）、他们在哪里购买（Where）、他们为什么购买（Why），最后如何应对（How），通常称为市场的"5W1H"。

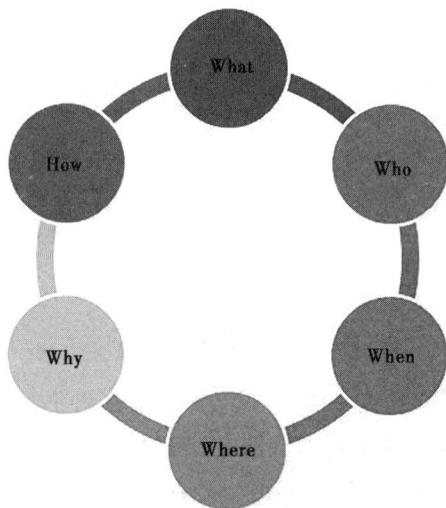

（图片来源：百度网）

（四）收集顾客信息的方法

企业通常会采用市场调查的方法来收集、处理和分析有关信息。市场调查的方法多种多样，一般做顾客信息收集的调查方式有以下几种：

（1）问卷调查。通过发放书面问卷的方式，采集顾客的信息，进行分析研究。

（2）行业信息。你可以从业内人士那里了解本行业市场大小方面的有用信息。

要了解某一产品的市场份额以及顾客的需求要跟销售商（批发商）聊聊，听听他们怎样说；也可以通过阅读行业指南、商业报纸和杂志等来了解你需要的信息。

（3）抽样访问。拜访潜在顾客，看一看到底有多少人想买你的产品。

六、市场竞争情况调查

对市场进行调查，只了解你的潜在顾客的情况还不够，你还需要了解竞争对手的情况。因为你将与提供相同或类似产品或服务的企业竞争，这些企业将是你的竞争对手。通过了解竞争对手的情况，你可以学到很多东西。了解他们做生意的方法，可以帮助你更好地适应市场。市场竞争情况调查主要包括对竞争企业的调查和分析，了解同类企业的产品、价格等方面的情况，了解竞争对手采取了哪些竞争手段和策略等。这些调查有利于帮助企业确定自身的竞争优势，在企业经营中取长补短、扬长避短。

▌案例分析

吉利公司市场调查

男人长胡子，因而要刮胡子；女人不长胡子，自然也就不必刮胡子。然而，美国的吉利公司却把"刮胡刀"推销给女人，居然大获成功。

吉利公司创建于1901年，其产品因使男人刮胡子变得方便、舒适、安全而大受欢迎。进入20世纪70年代，吉利公司的销售额已达20亿美元，成为世界著名的跨国公司。然而吉利公司的领导者并不满足，而是想方设法继续拓展市场，争取更多的用户。就在1974年，公司提出了生产面向妇女的专用"刮毛刀"的决策。这一决策看似荒谬，却是建立在坚实可靠的基础之上的。吉利公司先用一年的时间进行了周密的市场调查，发现在美国30岁以上的妇女中，有65%

的人为保持美好形象，要定期刮除腿毛和腋毛。这些妇女中，除使用电动剃须刀和脱毛剂之外，主要靠购买各种男用刮胡刀来满足此项需要，一年在这方面的花费高达7500万美元。相比之下，美国妇女一年花在眉笔和眼影上的钱为6300万美元，花在染发剂上的钱为5500万美元。毫无疑问，这是一个极有潜力的市场。

根据调查结果，吉利公司精心设计了新产品，它的刀头部分和男用刮胡刀并无两样，采用一次性使用的双层刀片，但是刀架则选用了色彩鲜艳的塑料，并将握柄改为弧形以利于妇女使用，握柄上还印压了一朵雏菊图案。这样一来，新产品立即显示了女性的特点。为了使雏菊刮毛刀迅速占领市场，吉利公司还拟订了几种不同的"定位观念"到消费者中征求意见。这些定位观念包括：突出刮毛刀的"双刀刮毛"；突出其创造性的"完全适合女性需求"；强调价格的"不到50美分"；以及表明产品使用安全的"不伤玉腿"；等等。

最后，公司根据多数妇女的意见，选择了"不伤玉腿"作为推销时突出的重点，刊登广告进行刻意宣传。结果，雏菊刮毛刀一炮打响，迅速畅销全球。

（资料来源：蔡松伯，王东晖，王小方.大学生创新创业指导[M].成都：西南财经大学出版社，2016.有删改）

分析：市场调查研究是经营决策的前提，只有充分认识市场，了解市场需求，对市场做出科学的分析判断，决策才具有针对性，从而拓展市场，使企业兴旺发达。

课堂活动

内容：市场调查能力训练

目的：增强观察市场的意识，熟悉市场调查主要调查哪些内容。

形式：分小组设计市场调查问卷，并且按步骤在课堂上模拟，进行一遍市场调查，发现问题，解决问题，以便更直观地了解市场调查的过程。

课后思考实践

1.什么是市场调查？为什么要进行市场调查？

2.市场调查的方法有哪些，什么方法具体适用何种情况？

第五章　创业资源整合

创业者能否成功地开发机会，进而推动创业活动向前发展，通常取决于他们掌握和能整合到的资源，以及对资源的利用能力。许多创业者早期所能获取与利用的资源都相当匮乏，而优秀的创业者在创业过程中所体现出的卓越创业技能之一，就是创造性地整合和利用资源，尤其是那种能够创造竞争优势，并带来持续竞争优势的战略资源。

通过本章的学习，你将能够：

1.如何组建创业团队及整合创业资源；

2.如何合理编制创业计划书；

3.了解创办企业的融资渠道。

第一节　创业团队

一、创业团队概述

（一）创业团队的概念

团队是指拥有共同目标，并且具有不同能力的一群人有意识地协调行为或能力的系统，是一种应用广泛、灵活的组织形式。常见的团队形式有教练式团队、顾问式团队、伙伴式团队。教练式团队中，教练（一般是团队领导）相对成员具有较丰富的经验、资历以及突出的专业技能，能对成员的技能发展有清晰的思路，并提供专业的培训、指导。这种情况下，教练一般不参与具体的执行活动，只是作为一个观察者、管理者，主动对成员的表现给予点评，提出改善意见，并提供针对性的训练以提升团队成员的能力。顾问式团队中的顾问与教练式团队中的教练一样具有丰富的经验、资历以及突出的专业技能，所不同的是顾问的角色离团队更远，团队成员只有在有问题需要帮助时才去寻找顾问咨询、解决问题。这种方式适合较大数量的、不确定是否存在问题的团队。伙伴式团队中分工比较明确，并且崇尚一种平等、合作的氛围。即使管理人员与普通的一线员工也是如此。这种模式适合比较成熟的团队，团队有规范的流程（不成文的共识亦可），成员都清楚自己的责任并有能力完成自己的工作。

创业团队就是由少数具有技能互补的创业者组成的，为了实现共同的创业目标和一个能使他们彼此担负责任的程序，为达成高质量的结果而努力的共同体。大学生创业团队，是由一群具有创新意识、拥有共同目标、有着不同专业知识背景的大学生组成的协作共同体。因此，创业团队应该是以上几种团队模式的混合，如核心成员之间可采用伙伴式团队，因为这需要足够的默契和信赖。

（二）创业团队的组建

创业团队的组建，首先应当有明确的目标，即所组建的团队要做什么、要开发什么产品或提供什么服务？其次，应当合理选择团队成员。在选人方面要考虑成员的年龄互补、知识互补、能力互补、性格互补、气质互补、性别互补等，从各个专业挑选人才。因为不是每个人都适合创业，在选择成员时不仅要考虑能力和技能，还要考虑成员的个人偏好和个性特征。创业团队每位成员的个性特征对团队行为都有很大影响。如果团队成员性格普遍外向、待人随和、责任心强、感情稳定，那将是团队的一大笔财富。如果团队成员很灵活，可以担任彼此的工作，这对团队来说更是一项明显的增值，能极大地提高团队的适应性。因此，在选择成员时要选择那些灵活性强的人。再次，要对成员进行交叉培训，让创业团队的每位成员对各方面的知识都有所涉及，让他们可以承担彼此的工作，这样可以提高团队的长远绩效。最后，应当进行有效管理。团队需要时间来发展，不断改进。团队运行过程中，应从以下方面着手：就战略目标而言，应将团队愿景是否与各成员相匹配作为重要事项；就具体执行的目标而言，应让团队成员知道每月、每周要做哪些事情。通常情况下，这个问题可以通过开会来解决，比如，团队在每周开始前花30分钟左右时间，让运营、产品、研发各部门互相开个碰头会，确定一下本周的目标，接下来认真执行。团队应该通过不断的讨论来取得进步，而不是寄希望于在短时间内解决所有问题，更不能指望很快就成为成功的团队。

　　总的来说，早期创业团队的组建，应当坚持"三个一"，即一个核心、一个共同愿景、一个产品。一个核心是指团队只能有一个人最后拍板做决定，过于民主会丧失效率，同时会激化内部矛盾；一个共同愿景是指团队所有人都明白公司的愿景，只有愿景一致，大家努力的方向才能保持一致；一个产品是指创业早期坚持只做一个产品。早期创业团队最容易犯的错误就是产品太多、想法太多，不能把一件事情做精。

　　（三）创业团队对创业的重要性

　　团队创业与个体创业相比具有多方面的优势，这些优势对创业成功起着举足轻重的作用。

　　与个体创业相比较，团队创业具有多方面的优势：

　　（1）集体合作的结果优于个人成果的加总。

　　（2）由于人们掌握的信息不完全，个人无法发挥最大的潜能，而团队间的信息共享能有效解决这一问题。

　　（3）团队比个人更具有创造性。

　　此外，团队还能充分协调成员间的关系。团队的主要价值在于人们能够相互配合，贡献各自的力量，从而提高整个团队的工作效率。

　　创业团队对创业成功起着举足轻重的作用，是新企业通向成功的桥梁。创业团队对创业的重要性体现在以下三方面：

　　1.机会识别能力较强

　　创业团队能够获得更为科学的机会评价标准，具有更大的可能性认知创业机会的必要信息，也利于实现对机会的共同认知。

　　2.机会开发能力较强

　　创业团队可以比较不同的开发方案，从而避免失误，团队成员的社会关系可以有效获得开发机会所需要的资源，团队成员的经验积累可以增加开发成功的可能性。

　　3.机会利用能力较强

　　创业机会的利用有两种方式：一是自己利用，二是出售。创业团队在自己利用机会方面有优势，具体表现在：在思考重大决策和企业战略的时间上有保证；团队成员共商创业大计，避免个人臆断，确保创业方案正确。

二、创业团队的特征

（一）创业团队与一般群体的差别

创业团队与一般群体的根本差别在于：团队中成员所做的贡献是互补的，而一般群体中成员之间的工作在很大程度上是互换的。具体表现在：

（1）团队成员对是否完成团队目标一起承担责任，同时承担个人责任，而群体成员只承担个人责任。

（2）团队的绩效评估以团队整体表现为依据，而群体的绩效评估以个人表现为依据。

（3）团队目标的实现需要成员间彼此协调且相互依存，而群体目标的实现却不需要成员间的相互依存。此外，团队较群体在信息共享、角色定位、参与决策等方面也更进一步。

因此，团队是群体的特殊形态，是一种为了实现某一目标而由相互协调、依赖并共同承担责任的个体所组成的正式群体。

（二）创业团队与一般团队的差异

1.团队的目的不同

初创时期的创业团队的目的在于成功地创办新企业，随着企业成长，创业团队可能会发生成员的变化，新组建的高管团队是创业团队的延续，其目的在于发展原来的企业或者开拓新的事业领域。然而，一般团队的组建只是为了解决某类或者某种特定问题。

2.团队成员的职位层级不同

创业团队的成员往往处在企业的高层管理者的位置，对企业重大问题产生影响，甚至会关系到企业的存亡。而一般团队的成员往往是由一群能解决特定问题的专家组成，其绝大多数并不处于企业高层管理者的位置。

3.团队成员的权益分享不同

创业团队成员往往拥有公司股份，以使团队成员承担更大的责任，而一般团队未必要求成员拥有股份。

4.团队成员关注的视角不同

创业团队成员关注的往往是企业全局性的、战略性的决策问题，而一般团队成员只关注战术性或者执行层面的问题。

5.成员对团队的组织承诺不同

创业团队成员对企业有一种浓厚的情感，其连续性承诺（由于成员对组织投入而产生的一种机会成本，足以产生让成员不离开组织的倾向）、情感性承诺（个体对组织的认同感）和规范性承诺（个人受社会规范影响而不离开组织的倾向）都较高，而一般团队成员的组织承诺并不高。

（三）创业团队的具体特征

一个处于良性运转的高效的创业团队必然具备一些显著的特征，只有具备这些特征，一个群体组织才能被称为创业团队或高效的创业团队。创业团队的具体特征如下所述：

1.目标清晰

高效的创业团队对要达到的目标有清楚的了解，并坚信这一目标包含着重大的意义和价值。而且，这一目标的重要性还激励着团队成员把个人目标升华到团队目标。

2.技能互补

高效的创业团队是由一群有能力的人组成的。他们具备实现理想目标所必需的技术和能力，而且相互之间有良好合作的个性品质，从而能够出色地完成任务。

3.沟通良好

团队成员之间通过畅通的渠道交换信息，相互之间能迅速、准确地了解彼此的想法和情感。管理层与团队成员之间通过健康的信息反馈，也有助于管理者更好地指导团队成员，消除误解。

4.承诺一致

团队成员对团队具有认同感，把自己属于该群体的身份看作一种自我实现。因此，有经验指出，团队成员承诺一致的表现是对团队目标的奉献精神，愿意为实现目标而调动和发挥自己的最大潜能。

5.恰当领导

高效的创业团队领导者往往担任的是教练和后盾的角色，他们为团队提供指导和支持，但并不试图去控制它，他们鼓舞团队成员的自信心，帮助他们更充分地了解自己的潜能。

6.相互信任

团队成员之间相互作用、直接接触，彼此相互影响，形成一种默契、和信赖，不论何时，不论需要怎样的支持，成员之间都相互给予，彼此协作，共同完成团队的目标。

三、创业团队的管理

（一）创业团队管理的重点

创业团队管理的重点是在维持团队稳定的前提下发挥团队的多样性优势。

1.创业团队的基础管理：维持团队稳定

个人英雄主义时代已经过去，创业需要的是团队成员的协作和分工，创业过程总的来说还是人的活动，需要整个团队共同努力，因此保持团队的稳定对创业的成功起着至关重要的作用。创业团队稳定主要表现在团队成员稳定、成员岗位稳定、收入增长稳定（稳定增长）、成员情绪稳定、成员之间以及成员与团队的关系稳定五个方面。

维持团队稳定的方法主要有四种：第一，用事业稳定团队。具体可以通过提供奋斗事业的平台、机制、氛围，创业团队领袖不断支持鼓励团队成员，对出色的成员给予表扬和奖励，大力宣传突出的贡献和成果，从而增强团队成员的成就感、自豪感等。第二，用感情稳定团队。具体可以建立和谐的创业团队成员关系和深厚友谊，真心关怀团队成员的工作、成长、家庭，解决团队成员的困难等。第三，用文化稳定团队。即建立积极、健康、充满活力的团队文化，确定充满挑战和社会价值的愿景目标，树立崇高的团队价值观、人生观、世界观，积极开展团队活动，增强团队成员的归属感和凝聚力等。第四，用福利稳定团队。具体表现为：确保团队成员的薪酬有竞争力并稳定增长，提供安心的社会保障、生活保障，提供合理的假期和休闲活动，提供生日、纪念日礼物和举办庆祝活动等。

2.创业团队的重点管理：发挥团队的多样性优势

现代组织理论中，异质性被描述为"双刃剑"。创业团队的异质性也如此。一方面，团队异质性能使团队成员获得多重资源和技术，进而提高团队绩效和团队决策质量；另一方面，团队异质性也会使异质成员间不协调的分工阻碍团队互动，降低成员满意度及组织认同感，从而引起冲突，并影响团队绩效。因此，创业团队管理应该特别重视发挥团队的多样性优势。创业团队的多样性可以使其充分地实现各方面的互补。创业者知识、能力、心理等特征和教育、家庭环境方面的差异，容易对创业活动产生不利影响，创业者可通过组建创业团队来发挥各个创业者的优势，弥补彼此的不足，从而形成一个知识、能力、性格、人际关系资源等全面具备的优秀创业团队。

（二）创业团队管理的策略

1.强化目标

团队必须有明确的目标，往大了说团队目标是战略层面的目标，让团队成员知道我们这个团队要做什么，我们的产品是什么，看看团队的愿景是否和各个成员的愿景相匹配。往小了说团队目标是具体执行的目标，让团队成员知道每月、每周要做哪些事情，为团队设定目标，并清晰地描绘在未来几周、几月或几年想要完成的事情，里程碑图能描述团队成员的表现。

2.营造氛围

发挥团队文化塑造价值和传递价值的双重作用，能够深入团队成员内心，使团队成员紧密团结，荣辱与共。及时消除团队内耗，营造一个相互帮助、相互理解、相互激励、相互关心的工作氛围，有利于稳定团队成员的工作情绪，激发工作热情，形成共同的价值观。

3.加强沟通

沟通是指人与人之间、组织与组织之间的信息交流。作为团队领头人，要能信任下属，充分授权，培养团队成员的成就感，要开诚布公，利用多种方式，让每位成员充分了解组织内外的信息，并解释团队做出某项决策的原因，鼓励团队成员发表自己的看法，做到充分沟通、坦诚相待、客观公平。

4.增强信任

团队的尊重与信任包括两重含义：一是特定团队内部的每个成员能够相互尊重和彼此信任；二是组织的领袖或团队的管理者能够为团队创造一种相互尊重、彼此信任的基调，确保团队成员有一种完成工作的自信心。人们只有彼此尊重和信任对方，团队工作才能比这些人单独工作更有效率。

5.建立归属感

团队管理者应该在让员工清楚自己角色的基础上，留住员工的心，增强员工的归属感。团队管理者应积极帮助员工进行职业生涯规划，让员工更好地规划自己的人生方向。只有员工更好地开发自己的潜能，实现自我价值，才能为团队带来更多的价值。

（三）创业团队功能的强化

创业的成功不仅是自身资源的合理配置，更是各种资源调动、聚集、整合的结果。创业团队是由很多成员组成的，团队成员在团队里扮演的角色不同，对团队完成既定的任务所发挥的作用也不同。

1.不同角色对团队的贡献

不同角色在团队中发挥着不同的作用，因此，团队中不能缺少任何角色。一个创业团队要想紧密团结在一起，共同奋斗，努力实现团队的愿景和目标，各种角色的人才都不可或缺。例如，创新者提出观点，实干者运筹计划，凝聚者润滑调节各种关系，信息者提供支持的武器，协调者协调各方利益和关系，推进者促进决策的实施（没有推进者效率就不高，推进者是创业团队进一步发展的"助推器"），监督者监督决策实施的过程，完美者注重细节，强调高标准（没有完美者的团队的线条会显得比较粗糙，因为完美者更注重品质、标准）。

2.团队角色搭配

团队中有不同的角色，角色和角色间配合的时候，也会存在着若干问题，在角色搭配时需要特别注意以下几点：

第一，创新者碰到协调类的上司，这时他们间的关系应该没有问题，因为协调者善于整合各种不同的人一起去实现目标；但如果创新者碰到实干类的上司往往就会不太理想，因为实干者喜欢按计划做事，不喜欢变化。

第二，作为同事，创新者和凝聚者之间不会有问题，因为凝聚者擅长协调人际关系；但如果一个创新者碰到另一个创新者同事，这时两人会围绕各自的立场和观点展开争论，内耗也就可能出现。

第三，如果创新类的领导碰到一个实干类的下属会很高兴，因为有人在帮他把具体的工作细节往前推，正好是一种互补；但如果创新类的领导碰到一个推进类的下属，他们间的矛盾可能就会激化。

第四，两个完美者在一起，可能作为上司的完美者并不欣赏作为下属的完美者，因为完美者永远觉得自己的标准是最高的，很难接受别人的标准。但如果完美者碰到实干者同事，往往彼此间很欣赏；如果完美者碰到一个信息类的上司，完美者下属与他就会有一些冲突，因为信息者对外界的新鲜事物接受很快，而完美者主张必须有120%的把握才去做，他们会对要不要采取新的方式和方法产生矛盾。

在了解不同的角色对团队的贡献以及各种角色的配合关系后，就可以有针对性地选择合适的人才，通过不同角色的组合来使团队更完整。由于团队中的每个角色的优点和缺点都是相伴相生的，领导者要学会用人之长、容人之短，充分尊重角色差异，发挥团队成员的个性特征，找到与角色特征相契合的工作，使整个团队和谐，达到优势互补。优势互补是团队搭建的根基。

案例分析

团队的精髓

《西游记》中的唐僧团队，虽然是虚拟的，但是唐僧师徒历经百险求取真经的故事，不仅家喻户晓，而且是中国文化的集中代表。这个团队最大的优势就是互补性：领导有权威、有目标，但能力差点；员工有能力，但自我约束力差，目标不够明确，有时还会开小差。总的来看，这个团队是个非常成功的团队，虽然历经九九八十一难，但最终修成了正果。一个成功的团队，基本上要有四种人：德者、能者、智者、劳者。德者领导团队，能者攻克难关，智者出谋划策，劳者执行有力。

德者居上——对大企业的领导人来说，要有意识地淡化自己的专业才能，用人为能，攻心为上。锐圆曾言道，大老板只要求有两项本事：一是胸怀；二是眼光。有胸怀就能容人，刘备胸襟小点，眼里就只有自己那两个把兄弟，后来才有"蜀中无大将，廖化为先锋"之说；曹操雅量大点，地盘实力也就大点，到他儿子就有改组汉朝"董事会"的能力。领导者目光如炬，明察秋毫，洞若观火，高瞻远瞩，有眼光就不会犯方向性的错误。

智者在侧——之所以需要"八戒"，因为他从不掩饰自己的个人要求和欲望，对自己的权益十分重视，是一只自由主义的特立独行的猪。他不会头脑发热，不会被"普度众生"这样鲜明的公共理想所煽动，他认为成佛远不如做高老庄的女婿潇洒，他的理念立场基于个体生命真实感觉，没有专心取悦于唐僧的动机。他从不忽视自己言论自由的权利，取经路上议论风生，而且多是反对意见——这是关键的关键。

能者居前——孙悟空是受控的能量。孙悟空是优秀的职业经理人，吴承恩先生已对他的才能作了完整的表述。需要关注的是他和唐僧（总经理）以及观音（执行董事，资方代表）的信用关系。唐僧在领导孙悟空时，紧箍咒作为最后手段，虽然也用过，但孙悟空从来没有因为要放弃自己保卫唐僧的责任而被实施紧箍咒。唐僧也没有因为有了紧箍咒，事事处处表现自己的控制欲。

劳者居其下——沙僧和白龙马是领导身边的工作人员。如果说"神仙"猪八戒和"老虎"孙悟空还有缺陷的话，"狗"沙僧完全可以打100分，领导身边的人最难做到的就是闭嘴，沙僧做到了。

观音为唐僧配备的人才少而精，并建立了有效的制约机制。唐僧直接管理孙悟空，但只能在孙悟空突破底线时才动用紧箍咒，平时则让其充分发挥能动作用；孙悟空对猪八戒在具体工作上有管理权力，但他也限制不了猪八戒的言论自由，他自己的行为反而受到猪八戒的舆论监督；猪八戒虽然有"散伙回家"的思想，但有孙悟空的金箍棒，其思想压根不能转化为行动；沙和尚作为"办公室主任"，管理行李和白龙马，对一线事务从不插嘴，从而使唐僧团队和谐且有创造力。

（资料来源：根据百度百科"唐僧团队"词条改编）

▌课堂活动

内容：从多个角度思考问题

目的：通过把问题放在不同环境中思考，即从多个角度思考问题，你就能发现新的想法。

题目：站报纸

要求：想出一个办法，把一张报纸铺在地上，不允许把报纸剪开或者撕开，两个人面对面地站着，却碰不到对方。

思路：两个人站在门口，把报纸放在门下，一个人站在门里面，一个人站在门外面。

▌课后思考实践

1.在创业团队组建中，团队成员的基本素质考察主要从哪些方面着手？

2.试述创业团队的重要性。

3.假设你选择创业，你认为在创办企业初期，员工管理主要包括什么？

4.优秀的创业团队的管理策略包含哪些方面？

四、创业资源

（一）人脉资源

在创业过程中，人脉资源是第一资源，有各种良好的人脉关系，你可方便地找到投资、找到技术与产品、找到渠道等各种创业机会。整合人脉资源是创业成功的基本条件。

关于人脉资源的特性需要注意以下几点：

1.长期投资性

平时要注意人脉资源的积累，不要事到临头才去找人帮忙。在公司做业务也一样，虽然现在不是你的客户，但明天就可能成为你的客户，因而你必须从现在开始建立联系。人脉资源的形成需要很多时间和精力，这也是一种投资。

2.可维护性和可拓展性

人脉资源是可以通过合作、交流、关心、帮助、友情、亲情等进行维护的，并会不断巩固，当然如果不去维护就会变得疏远，所以人脉资源需要经常性地维护，同时在维护中可以不断地发展新的人脉关系。

3.有限性和随机性

每个人一生中能认识多少人？包括老师、同学、亲戚、同事、朋友、客户等，一般不超过500人，而能够真正帮助自己的一般不会超过50人，所以每个人的人脉资源都是有限的，你的发展同样也会受到你的人脉资源的限制。同时，你认识的人可能没有能力帮助你，有能力帮助你的人你可能不认识，所以在客观上就需要你不断认识更多的人。但是每个人的能力是有限的，不可能认识所有那些潜在的帮助者。

4.辐射性

你的朋友帮不了你，但是你朋友的朋友或许可以帮你，这就是人脉资源的辐射性

（二）人力资源

美国苹果电脑公司创始人史蒂夫·乔布斯说过："刚创业时，最先录用的10个人将决定公司成败，而每一个人都是这家公司的1/10。如果10个人中有3个人不是那么好，那你为什么要让你公司里的人不够好呢？小公司对于优秀人才的依赖要比大公司大得多。"

企业或事业唯一真正的资源是人，如何努力创造吸引人才的条件，为企业吸引和留住人才，利用"外脑"，整合人才资源以获得长期持续发展的内在动力，已成为中小企业当前一项十分迫切的任务。

目前，令一些中小企业的掌门人最头痛的事情，不再是技术上的问题，也不再是企业赚多赚少的问题，而是中小企业人力资源短缺的问题。

因此，中小企业应根据自身发展，建立起一套人力资源规划体系（图5-1）：

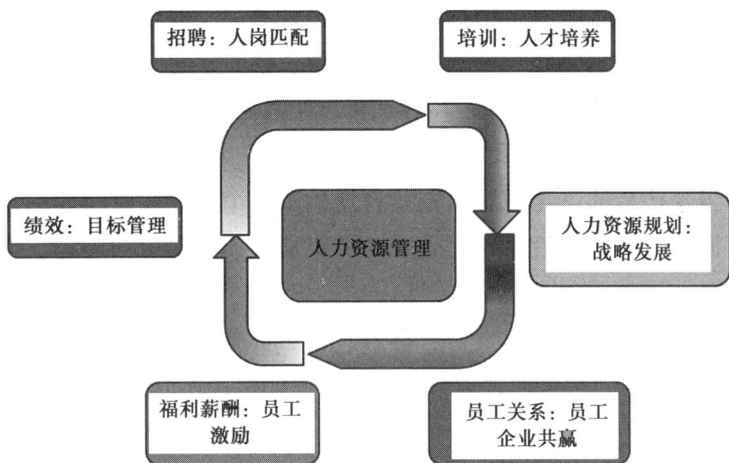

图5-1　人力资源规划体系

1.建立起完善的激励体系

用奖惩制度去激发员工的潜能，让员工的潜能发挥到极致。

2.建立起培训机制

培养人才，让人才在企业里进一步提升能力，从而发挥其最大的潜能为企业做出贡献。

3.善待员工

善待员工，让员工对企业有一种家的感觉。善待员工，是留住人才的唯一法宝。这种善待，不仅是给予人才精神上的满足，也要适当地给予物质利益。

4.要量才而用

企业领导者要善于用人的长处、控制人的短处，要量才而用，不要为了节省开支而凑合。

5.分工尽可能明确

企业里各种角色的分工一定要明确，但可根据职务的重要性适当地兼职。

6.引入外部力量

现代企业的竞争，归根结底是人才的竞争。当前许多企业正处在发展变革的重要关头，要想在激烈的市场竞争中取胜，就必须提升人力资源的价值。但要吸引、留住人才，也并非易事，必须在尊重人才的价值上下功夫。一是用好人才，按照人才的才能和特长，安排适当的岗位、技术职务，使人才有价值认可感和受信任感。二是给任务、压担子，让人才攻关键、解难题，使人才有成就感。三是表彰奖励有重大贡献的人才，使人才有光荣感。四是待遇从优，使人才有幸福感和满足感。

（三）信息资源

当今社会的飞速发展给创业者提供了一个新的信息时代的视角，信息资源对很多创业者来说就是成功的机遇，而机遇瞬间即逝，要善于整合把握。

信息资源与人力、物力、财力、自然资源一样，都是创业企业的重要资源，因此，应该像管理整合其他资源那样管理整合信息资源。

我们从工业化时代走向信息时代，随着信息技术的发展，信息与日常生活、工作越来越密不可分，最直接的体现就是信息量陡然增大、信息流转加快。但与此同时带来了一个问题，就是信息爆炸，各种信息充斥在我们周围，创业企业如何在最有效的时间内获得最有效的内、外部信息，抓住成功创业的机遇却往往成了一个难题。

1.创业企业信息化具有前瞻性

创业企业信息化的最高层次是决策，它具有前瞻性。企业领导者在做决策时，关心的问题是包括竞争对手、政府、行业、合作伙伴、客户等在内的周边环境的变化。在对变化的预测、分析的基础上做出尽可能合理的决策，这个层次上的企业信息化通常针对高层管理所遇到的问题。对创业者而言，信息是不对称的，了解分析包括竞争对手、政府、行业、合作伙伴、客户等在内的周边环境的变化信息，我们才能做到"知己知彼，百战不殆"，才能做到"有的放矢"，从而集中精力、财力、人力抓住转瞬即逝的成功机遇。

2.信息资源整合包含管理的内涵

既要整合管理好企业外部的信息资源，抓住好的发展机遇，又要整合管理好企业内部的信息资源，进行信息资源的规划。

信息资源规划（图5-2）是指通过建立健全企业的信息资源管理基础标准，根据需求分析建立集成化信息系

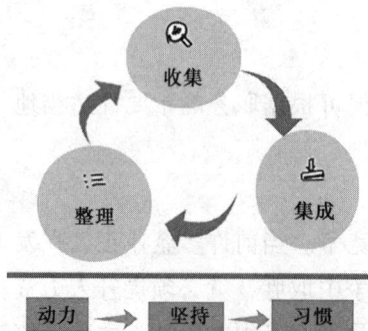

图5-2　信息资源规划

统的功能模型、数据模型和系统体系结构模型，然后再实施通信计算机网络工程、数据库工程和应用软件工程的一个系统化的企业信息化解决方案，以使企业高质量、高效率地建立高水平的现代信息网络，实现信息化建设的跨越式发展。

（四）技术资源

技术资源是企业创业期间的关键资源之一，它是决定所需创业资本的大小、创业产品的市场竞争力和获利能力的根本因素。企业创业成功的关键首先是寻找成功的技术资源。其原因有二：

（1）技术资源是决定创业产品的市场竞争力和获利能力的根本因素。

（2）技术核心与否决定了所需创业资本的大小。对在技术上非完全创新的创业企业来说，创业资本只要保持较小的规模便可维持企业的正常运营。而另一些看起来很有市场前景的商机，如果没有拥有或者掌握核心技术就贸然进入，必然会很快遭受重创。

案例分析

一美分垒起的大富翁

1989年，默巴克还只是美国斯坦福大学的一名普通学生。他学习成绩很好，每学年都能拿到学校的奖学金。但他家却十分贫寒，父母都是蓝领小职员，又养了多个孩子，所以经济特别拮据。为了减轻父母的工作压力，默巴克从走进大学校门起，就一边读书一边做一些力所能及的事情，例如帮助收发信件、报纸，帮助学校修剪草坪，帮助学校打扫卫生等。这些简单的校内劳动，使默巴克得到了一些微薄的经济收入。后来，默巴克发现学生公寓的卫生状况总是十分糟糕。让学生们自己打扫吧，大家都推三让四的，不是草草敷衍了事，就是千方百计寻找借口逃避劳动；让学校的清洁工人打扫吧，学生们又很不放心，况且清洁工人总是把公寓里学生的东西弄得颠三倒四。默巴克看到这个机会后，就马上去找负责学生公寓的校方负责人，和他商谈自己利用闲暇时间承包打扫学生公寓。校方很快就作出了同意的决定，因此默巴克又多了一份收入。

第一次打扫学生公寓时，默巴克就在墙脚、沙发缝、学生床铺下扫到了许多沾满了灰尘的硬币，这些硬币有1美分的、2美分的和5美分的，每间学生公寓里都有。当默巴克将这些硬币还给那些同学时，那些同学谁也没有表现出丝毫的热情。他们一个个懒洋洋且不屑一顾地说："硬币？谁是这些硬币的失主啊？一把硬币装在钱包里哗哗作响，又买不来多少东西，有些1美分、2美分的，都是我们故意扔掉的。"钱还有故意扔掉的？默巴克惊呆了。这件事情后，默巴克分别给财政部和国家银行写信反映小额硬币被人白白扔掉的事情，财政部很快就给年轻的默巴克回信说："每年有310亿美元的硬币在全国市场上流通，但其中的105亿美元都正如你所反映的那样，被人随手扔在墙脚和沙发缝中睡大觉。"

105亿美元？默巴克震惊了。他从此开始收集关于硬币的资料，从资料中知道，硬币的寿命长达30年，这期间流通的硬币市值约为2559亿美元，其中仅美分就达1741亿美元之多。这些硬币常常散落在各家的沙发缝、地毯下、抽屉角落、汽车坐垫下等地方。如果能有效督促这些硬币不再躲在角落里睡大觉，而让它们滚动起来，这里面的利润将是多么可观啊！默巴克想好后就着手准备起来。

1991年，刚从斯坦福大学毕业的默巴克旋即成立了自己的"硬币之星"公司，定制了自动换币机。顾客只要将手中的硬币倒进机器，机器会自动点数，最后打出一张收条，写出硬币的价值，顾客凭收条到超市服务台领取现金。自动换币机收取约9%的手续费，所得利润与超市按比例分成。

默巴克的"硬币之星"一开业便大获成功。全国各地的超市纷纷同默巴克的"硬币之星"公司联系，要求同默巴克合作。仅仅5年，"硬币之星"公司便在全美8900家主要超市连锁店设立了10800个自动换币机，并成为纳斯达克的上市公司。一文不名的年轻穷小子默巴克旋风般地成了令人瞩目的亿万富翁。人们都称他是"一美分垒起的大富翁"。

（资料来源：陈春梅，一美分垒起的大富翁[J].年轻人，2019（1）：31.有删改）

　　分析：不要轻视一分钱，一分钱里也蕴藏着商机。只要能把一分钱做大，一分钱离亿万富翁的路也不是很远。只要你不轻易舍弃一粒沙子，那么你将会很快拥有一座巨大的城堡。

（五）资产资源

整合资产资源，不仅是解决"钱"的问题，更重要的是看战略投资者还能为企业带来什么其他的资源，比如政府背景、行业背景、市场影响力、营销支撑等等，即整合资产资源时要充分考虑资产资源能否带来更多的其他资源。但最为关键的是，选择的战略投资者要与企业当前阶段的发展目标相吻合。

创业企业应如何整合资产资源，引进外来资本呢？

（1）首先要对准备引入的资产资源有整体性了解。在初步确定投资意向之后，创业企业就可以根据实际情况，在众多的意向投资者中选择中意的目标。在接触之前，要认真了解投资者的基本情况，如资质情况、业绩情况、提供的增值服务情况等。

（2）在与投资者接触面谈前，创业企业自身应准备好必要的文件资料。在多次谈判过程中，将会一直围绕企业的发展前景、新项目的想象空间、经营计划和如何控制风险等重点问题进行。

（3）在签订的合同书中，创业企业和投资者双方必须明确两个基本问题：一是双方的出资数额与股份分配，其中包括对创业企业的技术开发设想和最初研究成果的股份评定；二是创业企业的人员构成和双方各自担任的职务。

（六）行业资源

创业企业要充分了解要进入的行业，掌握该行业的关系网，比如业内竞争对手、供货商、经销商、客户、行业管理部门等等。行业资源不仅有这些，还有科研机构、行业协会、行业杂志、行业展会、业内研讨会、专业书籍等资源，都需要创业者平时加以关注，发掘其价值为企业长远发展服务。

行业资源对创业的成功很重要。所以，创业企业的一个成功类型就是做自己熟悉的行业，熟悉本行业企业的运营、熟悉行业的竞争对手。

案例分析

昂立的发展

上海交大昂立股份有限公司是集现代生物和医药制品研制生产、营销于一体的高科技股份制企业，2001年7月成为国内保健品行中第一家上市企业。上市使企业打通了资本渠道，迅速扩大企业的规模，实现产业的多元化经营，组建了以若干个产业组成的产业群。

从1990年的几十名员工、36万元资本起家的校办企业，到注册资本1.5亿、连续3年居全国保健品市场销量榜首的行业巨人，昂立的业绩令人瞩目。

（资料来源：蔡松伯，王东晖，王小方.大学生创新创业指导[M].成都：西南财经大学出版社，2016.有删改）

分析：昂立发展的一个转折点在于跟业内的三株（三株药业集团）合作，整合行业内的资源，帮助昂立走出困境，促进昂立成长。当时，昂立的习惯是给他们多少，三株就销售多少。但三株提出的一个观点完全倒了过来：你负责科研、生产，我负责销售，我们定的销售价双方各赚一半。这样一来，昂立受不了，因为以前采用的定价法不是市场定价，而是成本加利润，三株却是市场定价。这是昂立的一次转折。所幸的是昂立的判断正确了。这样，昂立一步一步地把三株的新营销思路带过来，在与他们合作中开始转变，由不懂到懂。

此后的1992年，昂立成立了天王公司，根据从三株学来的营销思路，重点抓销售，以己为主来实施昂立的产品营销，行业资源整合的效果得到了最大地显现。1992年销售额才400多万元，而1993年就达到了7000多万元。所以1992—1993年昂立由产品到市场的转变是一个非常重要的步骤。这正是充分有效整合行业资源的典型个案。

案例启示：企业要想发展、壮大，就应该尽可能整合各种资源、采取各种合法手段积极务实地做好自己的这份事业。上海交大昂立这个案例告诉我们整合行业内竞争对手资源的重要性，要尝试"把竞争对手转变为合作伙伴"。市场竞争没有永远的对手，也没有永远的伙伴，更没有敌人。凡以为有敌人的竞争者，大多是竞争中的失败者。创业企业不可避免地存在诸多方面的不足。因此，同行间或者产业上、下游之间的创业企业通过策略联盟或股权置换等种种方式整合资源，在人力资源、研发能力、市场渠道、客户资源等方面实现优势互补，对内相互支持，对外协同竞争。这种方式往往是以几家创业企业为核心，同时带动一批创业企业，形成利益共同体。

（七）政府资源

掌握并充分整合政府资源、享受政府扶持政策，可使你的企业少走许多弯路，达到事半功倍之效。创业的优惠扶持政策主要包括财政扶持政策、融资政策、税收政策、科技政策、产业政策等等。政府资源对创业者而言是不可多得的成功创业的助推器。

1.政府资源的种类

政府资源就是各项优惠扶持政策，主要包括以下几种：

（1）财政扶持政策。中央财政预算设立中小企业科目，安排扶持中小企业发展的专项资金；地方政府根据实际情况为中小企业提供财政支持。

（2）融资政策。人民银行加强信贷政策指导，改善中小企业融资环境；鼓励商业银行调整信贷结构，加大对中小企业的信贷支持。各商业银行在其业务范围内提高对中小企业的融资比例，扩展服务领域。国家政策性金融机构采取多种形式为中小企业提供金融服务。县级以上人民政府和有关部门推进和组织建立中小企业信用担保体系，有效利用信用担保促进中小企业发展。

（3）税收政策。国务院和省级人民政府对符合下列条件之一的中小企业，在一定期限内给予税收优惠：一是由失业人员开办，初期经营困难的；二是吸纳社会再就业人员比例较高的；三是设立在少数民族地区、边远地区和贫困地区的；四是从事高科技产品的研究开发的；五是从事资源综合利用和环保产业的；六是国家产业政策规定需要扶持的。

（4）科技政策。国家制定政策鼓励中小企业按照市场需要，开发新产品，采用先进的技术、生产工艺和设备，提高产品质量。国家实施了一系列科技计划，包括科技攻关计划、星火计划、重点新产品计划、"863"计划、科技型中小企业技术创新基金等。

（5）产业政策。国家对我国境内新办软件企业、集成电路设计企业和生产线宽小于0.8微米（含）的集成电路产品的生产企业，经认定后，自获利年度起，第一年和第二年免征企业所得税，第三年到第五年减半征收企业所得税。

（6）中介服务政策。政府有关部门在规划、用地、财政等方面提供政策支持，推进建立各类技术服务机构，建立生产力促进中心和科技企业孵化基地。国家鼓励社会各方面力量建立健全培训、信息、咨询、人才交流、信用担保、市场开拓等服务体系。

（7）创业扶持政策。在城乡建设规划中合理安排必要的场地和设施，支持创办中小企业；地方政府应为创业人员提供工商、财税、融资、劳动用工、社会保障等方面的政策咨询和信息服务；国家鼓励引进国外资金、先进技术和管理经验，创办中外合资（合作）企业；鼓励依法以工业产权或者非专利技术等投资参与创办中小企业。为促进中小企业发展，科技部及地方政府大力发展科技创业服务中心即企业孵化器，政府有关部门为创业企业提供全方位的服务，并实行优惠政策鼓励创办中小企业。

（8）对外经济技术合作与交流政策。政府有关部门和机构为中小企业提供指导和帮助，促进中小企业产品出口。国家制定政策，鼓励符合条件的中小企业到境外投资，开拓国际市场。国家有关政策性金融机构应当通过开展进出口信贷、出口信用保险等业务，支持中小企业开拓国外市场。

（9）政府采购政策。政府采购应优先安排向中小企业购买商品和服务。政府是最大的消费者，各级政府每年要采购大量的商品和服务，要注意政府采购信息，向当地政府采购管理机构了解政府采购如何向中小企业倾斜。

2.了解政府扶持政策、整合政府资源的途径

创业企业可通过以下途径了解政府扶持政策、整合政府资源。

（1）上政府官网查询。定期到政府公共服务网上浏览检索，看看是否有新政策出台或者是否有项目申报通知。

（2）委托政策服务公司提供政策咨询。政策服务公司比较关注政策变化，与政府有关部门关系密切，不仅了解政策，也知道如何帮助你享受政策。

（3）注意与有关部门保持密切的沟通。每一家企业都要与一些政府部门打交道，你的企业也不例外，要注意配合你经常打交道的政府部门的工作，并注意定期向这些部门咨询政策。与政府部门保持密切的联系，你可以用足用好政府政策，寻求更快的发展。

（4）指定专人负责有关政策信息的收集。要让每位员工了解并注意收集与其工作相关的政策信息，及时跟踪政策的变化。特别是在有疑问时，一定要咨询清楚，并及时解决，千万不要把今天的问题留到明天。

案例分析

借力修天桥

国际商场是天津市第一家上市公司，商场所在的南京路是一条十分繁忙的主干道，对面就是繁华的商业街。在国际商场开业时，门口并没有过街天桥，行人穿越南京路很不方便，也不安全。应该修天桥！估计经过那里的人都会产生这样的想法，但政府一直没有行动。

有一天，一个年轻人没有认为这是政府该干的事情。他找到政府商量，提出用自己的钱修天桥，但要政府允许他在天桥上挂广告牌。

不花钱还让老百姓高兴，政府觉得不错，就同意了。这个年轻人拿到政府批文，立即想到找可口可乐那样的大公司洽谈广告业务。

在这样繁华的街道上立广告牌，这是大公司求之不得的事情。很快，这个年轻人从大公司那里拿到广告的订金。他用这笔钱修建了天桥还略有剩余。天桥修建好了，广告也挂上了，年轻人从大公司那里拿到余款，获得了第一桶金。

（资料来源：蔡松伯，王东晖，王小方.大学生创新创业指导[M].
成都：西南财经大学出版社，2016.有删改）

分析：充分利用已有的资源，合理配置，是创业成功的关键。

（八）整合利用资源

1.善用资源整合技巧

创业总是和创新、创造及创富联系在一起的。一位创业者结合自身创业经历提出了这样的观点：缺少资金、设备、雇员等资源，实际上是一个巨大的优势。因为这会迫使创业者把有限的资源集中于销售，进而为企业带来现金。为了确保企业持续发展，创业者在每个阶段都要问自己，怎样才能用有限的资源创造更多的价值？

2.发挥资源的杠杆效应

尽管存在资源约束，但创业者并不会被当前控制或支配的资源所限制，成功的创业者善于利用关键资源的杠杆效应，利用他人或者别的企业的资源来完成自己的创业目的：用一种资源补足另一种资源，产生更高的复合价值；或者利用一种资源撬动和获得其他资源。其实，大企业也不只是一味地积累资源，他们更擅长资源互换，进行资源结构更新和调整，积累战略性资源，这是创业者需要学习的经验。

3.设置合理的利益机制

资源通常与利益相关，创业者之所以能够从家庭成员那里获得支持，就因为家庭成员之间不仅是利益相关者，更是利益整体。既然资源与利益相关，创业者在整合资源时，就一定要设计好有助于资源整合的利益机制，借助利益机制把潜在的和非直接的资源提供者整合起来，借力发展。因此，整合资源需要关注有利益关系的组织或个人，要尽可能多地找到利益相关者。同时，分析清楚这些组织或个人和自己以及自己想做的事情的利益关系，利益关系越强、越直接，整合到资源的可能性就越大，这是资源整合的基本前提。

课堂活动

讨论一下，俞敏洪创办新东方时具备哪些资源？

课后思考实践

1.根据自己的实际情况，画出人脉图，并思考如何扩大你的人脉圈？

2.思考创业企业应如何获得技术资源。

3.试分析实现"空手套白狼"与资源整合的关键点是什么。

五、管理企业员工

没有员工，任何一家企业都无法运营下去。在大多数情况下，企业需要数名员工才能成功运转。创业者、合伙人、员工都需要知道企业内部部门和岗位的设置；了解部门和岗位之间的关系。

（一）明确每个岗位的主要职责，编写岗位说明书

岗位说明书应该包括以下内容：

- 岗位的名称；
- 这个岗位所从事的具体工作；
- 岗位的上、下级；
- 该岗位员工所应具备的素质和技能。

雇用员工时，让员工了解相关岗位的岗位说明书。这样做有如下好处：

- 员工将确切地知道企业需要他们做什么工作；
- 作为领导者，将用其衡量员工的工作绩效。

（二）招聘合适的员工

当企业需要招聘员工时，领导者需要掌握以下问题：

- 哪些岗位需要招聘员工；
- 这些需要招聘的员工应具备什么样的技能和其他要求；
- 需要招聘的具体人数；
- 向招聘的员工支付多少工资。

招聘时，应该向求职者了解以下问题；

- 你原来在哪儿工作？工作内容是什么？具备什么技能？
- 你为什么想来本企业工作？
- 你希望得到什么职位？有什么样的工作目标？
- 你认为自身有哪些优点和弱点？
- 你喜欢和别人一起工作吗？如果有人对你态度不好，你会作出什么样的反应？

在招聘过程中，应该全面了解求职者，以便找到求职目标和岗位职责更加一致的员工。同时，也可以利用专业的职业测评工具或技术，评

价求职者的各种素质和应聘岗位的匹配程度。

招聘的大致流程：明确招聘岗位；发布招聘信息；接收求职信息；筛选面试人员；面试选拔；体格检查；录取；试用与转正。

【思考】对企业来说，并不是能力越强的员工就是好员工。企业领导者或创业者要亲自参与员工的招聘，要在适当的时间招聘合适的人到合适的岗位上工作。

（三）管理员工

管理好员工对企业的发展至关重要，可使工作团队发挥更大作用，为企业创造更高的效益，从而具有更多成功的机会。

充分发挥员工的积极性，应从以下几方面入手：

·让所有员工了解企业的发展和运营详细情况，并明确每一位员工的工作任务；

·给不同岗位和不同职责的员工与其工作效能匹配的工资和奖金；

·尽可能让员工工作稳定，并创造良好的工作环境和条件；

·让不同岗位的员工都融入团队中，让其产生归属感；

·给员工提供培训、学习、外出考察的机会，为他们在企业中升职和发展提供机会；

·如果出现问题，平时采取一些预防措施，注意调动员工的工作积极性，适当开展团队建设、职业技能培训、定期体检、员工活动等。

（四）寻找企业顾问

企业运营过程中，可以考虑从一些企业、贸易和教育机构那里获得帮助、信息、咨询意见和培训，即招聘企业顾问。企业顾问就是为企业进行咨询的个人或机构，通俗地说就是教企业怎么做，为企业运营提供建议。

在聘请企业顾问前，应小心谨慎，从专业的角度多方了解其资质并验证资质。

【思考】"一个好汉三个帮！"团队是创业成功的基石！微小企业创业团队组成有合伙人、员工、顾问和创业者自己，这些人都将影响企业的成败。如何"选、用、育、留"合作伙伴和人才，并建立有效的组织结构，把他们打造成一个整体，是创业者必须思考和面对的，也是创业者必须具备的能力。

第二节　编制创业计划书

一、创业计划书的内容

（一）什么是创业计划书?

创业计划书是指创业者在创业初期所编写的一份书面计划，用以描述创办一个新企业所有相关的外部和内部要素。即创业者在正式启动创业项目之前，基于前期对整个项目的调研、策划成果，对创业项目进行全面说明的计划性文件。

（二）创业计划书的作用

（1）创业者用于指导自身创业筹备与运营。

（2）用于向相关人士说明创业计划，争取合作伙伴加入以及获取资金支持。

（3）筹划自己的创业蓝图，申请特定的创业贷款或者为下一步融资做好准备。

（三）创业目标与创业计划

目标就是一个人做事想要达到的境界和标准。有的目标是根据自己的向往或需要设定的，有的目标是根据社会意识形态和社会标准建立的。创业目标是创业者在创业过程中努力争取想要实现的预期结果。创业目标落实到具体行动上，便构成了创业计划。创业计划是为了顺利实现创业目标，在创业实践活动没有开始之前制订出来的一系列手段。

1.创业计划需要明确在未来要达成的目标

一般来说，创业目标的确定必须明确。创业目标的确定要求既能切合实际，又能付诸实践。目标过高或过低，都会影响创业的成败。创业目标需要包括"干什么""怎么干""预期结果可能会怎样"三方面的内容，这是创业内容能否顺利展开的前提。创业目标确立并经过充分论证后，创业者就应着手制订创业计划。创业计划是创业者实现创业目标过程中合理设计的一种规划。创业计划的合理制订对创业者分步骤、分阶段实施创业目标的作用很大。一个成功的创业者，不仅要确立合理的创业目标，同时，还应学会科学制订创业计划，没有规划的创业目标往往易使创业者忽视创业的时间观念和创业过程的实效性。所以，创业者需要把创业目标逐步分解，准确地把握每个创业阶段的不同任务，从而最终实现创业目标。

2.创业计划需要阐明如何达成创业目标

创业目标是抽象的，不便于直接操作，但创业计划是具体的、可操作的。一份好的创业计划就是一份创业的可行性报告。计划的制订建立在对自己创业条件和能力分析的基础上，展示了创业者的能力和决心。一份好的创业计划，应该包括创业目标的制订和实现目标的措施。制订创业计划是一个将创业目标所包含的全部内容逐一分解、层层细化，直至便于操作的过程。这样，创业过程实际上便成为实施计划的过程，而制订创业计划又变为明确创业目标、落实创业措施、增加创业成功率的过程。

（四）创业计划书的核心内容

1.产品（服务）创意

创意就是打破陈规，不循规蹈矩，触机便发，无中生有，产生具有新颖性和创造性的想法。产品（服务）创意，是指创业者从自己的角度考虑能够向市场提供的可能产品（服务）创意的构想。这种构想既迎合市场本身的需求，也体现创业者或研发者自身的创造研发能力。一般来说，一个好的产品（服务）创意往往能够带动本行业的改革和创新，对一个行业的发展有着重要意义。在产品介绍时，创业者要对产品做出详细的说明，说明不仅要准确，也要通俗易懂，使非专业的投资者也能明白。一般来说，产品（服务）创意介绍都要附上产品原型、照片或者其他介绍。

2.目标顾客描述与市场评估

目标顾客是指企业生产的产品或提供的服务所针对的对象，是产品或服务的直接购买者或使用者。顾客需求是企业实施战略管理规划的关键因素，是市场营销工作的核心。

企业通过对各种内外部资源进行有效整合，及时按照顾客对产品和服务的不同需求进行市场细分，确定目标市场。在为顾客提供产品和服务的过程中，企业不断倾听顾客的声音，挖掘顾客的真正需求，并将之转化为技术要求，实现产品和服务的持续改进，从而提高顾客的满意度和忠诚度。

3.竞争者分析

竞争对手的产品或服务与你的产品或服务相同或相似，竞争对手与你的企业有共同或相近的市场，与你的企业有利益冲突，且对你的企业构成一定威胁。所以在企业运营前和运营中都需要积极搜集竞争对手的信息并分析其运作方式。

竞争者分析是指企业通过某种分析方法识别出竞争对手，并对他们的目标资源市场力量和当前战略等要素进行评价。其目的是准确判断竞争对手的战略定位和发展方向，并在此基础上预测竞争对手未来的战略，准确评价竞争对手对本企业的战略行为的反应，估计竞争对手在实现可持续竞争优势方面的能力。创业企业对竞争对手进行分析是确定企业在行业中战略地位的重要方法。

竞争者分析一般包括以下五项内容：

（1）识别企业的竞争者，识别企业竞争者必须从市场和行业两个方面分析。

（2）识别企业竞争者的策略。

（3）判断企业竞争者的目标。

（4）评估企业竞争者的优势和劣势。

（5）判断企业竞争者的反应模式。

4.资金和资源需求

创业计划要想实现需要启动资金和资源。启动资金用来支付场地（土地和建筑）、办公家具和设备、机器、原材料和商品库存、营业执照和许可证、开业前广告和促销、工资以及水电费和电话费等费用。这些支出可以归为两类：投资（固定资产）和流动资金。投资和流动资金的展示，可以显示企业创办前的启动资金的具体分配情况。

5.如何获取回报

获取回报是创业计划的关键部分，是创业投资者十分关心的问题。它主要是指投资者在面对资金需求量及资本结构构成时，为保证项目实施，需新增投资是多少；新增投资中，需投资方投入多少，对外借贷多少，企业自身投入多少；对外借贷、抵押或担保的措施是什么；投入资金的用途和使用计划以及可以得到的回报大小。预计未来3~5年平均每年的净资产回报率，投资方以何种方式收回投资，具体方式和执行时间。任何投资中，影响企业价值评估的财务情况总是投资者最关心的问题。

二、创业计划书的基本结构

创业计划书应当尽可能充实，为潜在的投资者描绘一个完整的企业蓝图，使他们对新企业的风险能有更多的了解，并帮助创业者深化对企业经营的理解。一般来说，一份完整的创业计划应包括企业概况、创业者个人情况、市场评估、市场营销计划、企业组织结构、投资（固定资产投资和无形资产投资等）预测、流动资金预测、销售收入预测、销售与成本计划、现金流量计划等。下面详细介绍各个部分应包含的信息。

（一）企业概况

企业概况是创业者对创办企业的简要说明，包括选择此创业项目的理由、企业愿景、企业主要经营范围、企业类型等的陈述。

（二）创业者个人情况

简述创业者的个人背景，以往相关创业、工作经验，教育背景和学习相关课程的背景。

（三）市场评估

市场评估包括目标顾客描述、市场容量或变化趋势、预计市场占有率、竞争对手分析、风险因素等。

目标顾客描述：采用不同的收集顾客信息的方法（如经验判断法、观察法、访谈法、实验法、问卷法、信息检索法等），调查顾客需求，了解顾客的相关信息。比如，顾客在哪儿，一般在什么时间和地方购物，购物频率是多少，一次购买多少数量的产品，等等。

市场容量或变化趋势：根据经济学原理，综合运用统计学、计量经济学等分析工具对影响行业经济的各种要素进行深入的分析，从而发现行业运行的内在经济规律，进一步预测未来行业发展的趋势。它对指导行业内企业的经营规划和发展具有决定性的意义，主要包括对将来的展望和发展趋势、竞争者分析、市场分析以及行业预测。调查拟创办企业即将进入的行业近3年来在一定竞争范围内的市场总数据，分析得出相关行业的市场容量和变化趋势。

预计市场占有率：通过市场容量的预测，分析本企业在竞争范围内的情况，综合得出预计的市场占有率。

竞争对手分析：主要包括四个方面，竞争对手的主要优势、主要劣势，本企业相对于竞争对手的主要优势、主要劣势等。

风险因素：为了使创业计划更完善，必须有风险描述部分。进行风险分析是确认投资计划的风险，并以数据方式衡量风险对投资计划的影响的过程，目的是向投资者说明控制和避免风险的策略。企业内部风险包括管理风险、生产风险、经营风险、雇员风险（对关键雇员的依赖程度）；企业外部风险包括资源风险（供应商风险）、市场风险和政策风险等。

（四）市场营销计划

制订市场营销计划，一般从市场营销的产品（Product）、价格（Price）、地点或渠道（Place）、促销或营销（Promotion）四个基本策略的组合入手。紧紧围绕顾客需求来考虑上述四个基本策略：

• 为顾客提供需要的产品或服务；

• 为自己的产品或服务制订目标顾客愿意支付的价格；

• 为目标顾客提供方便购买到自己产品或服务的渠道；

• 为顾客提供易于获取自己产品或服务的信息，积极宣传，吸引顾客购头，提高转化率。

产品或服务：展示创业企业生产的主要产品或服务，并说明其主要特征，强调与市场上现存的产品或服务的差异。

价格：针对不同产品或服务，加之前期的市场调查，结合本企业的生产运营实际，展示每一个主要产品或服务的预测成本价格、预测销售价格、竞争对手的销售价格等。

地点或渠道：经过前期的深入调查，展示企业的销售方式及选择此种销售方式的原因；针对此种销售方式，应该把企业设立在哪个地方，以什么样的形式展示给客户，并说明选择该地址的原因。

促销或营销：从广告、人员推销、营业推广、公共关系四个方面，对企业、产品或服务进行推广宣传，以达到让客户了解、接触本企业的产品或服务的目的，并根据市场行情，推算出每一项促销宣传的成本。

（五）企业组织结构

根据企业的发展现况和未来的可能性，为企业选择合适的法律形态（个体工商户、个人独资企业、合伙企业、有限责任公司等），完成组织结构设计和组织管理。

针对不同的法律形态，企业将在运营前办理不同的手续，适用不同的政策。综合企业未来的发展，选择合适的法律形态，并在运营前和运营过程中，充分衡量企业需承担的法律责任。

组织与管理对创业的成败至关重要。一般来说，一个成员结构合理、组织设计适宜、管理与技术及营销水平较高的创业团队，是更容易获得创业成功的。从创业来看，一个创业团队，需要三方面的优秀人才：优秀的管理者、优秀的技术人员、优秀的营销人员。因此，创业者需要认真考虑创业团队的构成，并在创业计划书中很好地描述出来，这样既能够获得更多人的支持，也能够提高自身的创业成功信心。组织计划包括组织的所有权形式、合作者或主要股权所有人、负责人的权力、管理团队的构成、组织成员的角色和责任。针对合作类的运作方式，各合伙人应该充分协商，完成股份合作协议。

（六）投资（固定资产投资和无形资产投资等）预测

企业运营前，应该充分计划，做好硬件设施的采购、场地设计、加盟许可、员工培训等，如生产机器、办公家具、交通工具、办公电子设备、无形资产（加盟、版权等）、员工培训、场地装修与转让等，预测固定资产和无形资产的投资。

（七）流动资金预测

企业运营过程中，要保证流动资金充足。预测不同销售情况下的原材料采购、人员工资、房租、办公用品购置等各项经费，确保费用不间断。

（八）销售收入预测

企业创业和适应生存是一个长期的过程，预测的销售收入应该至少持续一年，以便根据一年的销量与收入，调整企业运营方式和方法。

（九）销售与成本计划

要掌握企业实际运营情况，仅仅知道自己的销售收入是不够的，创业者必须计算出企业在一定运营期内（开办初始阶段，一般为一年）是不是有利润，只有这样，才能准确地知道企业是否赚钱。销售与成本计划可帮助创业者了解收入、成本和利润情况。

销售与成本计划是创业计划书的核心部分，可看出企业在销售收入预测的一年里，是否可盈利和投资回报有多少。

投资回报主要考虑创业投资回报率的问题。如创业项目能带来多少利润，投资回报率比投资国债或购买企业债券所获利息率高多少，需要多长时间才能收回本钱，该项目的机会成本是多少。考虑到创业可能面临的各项风险，合理的投资回报率应该在25%以上。一般而言，15%以下投资回报率的项目是不值得考虑的。

（十）现金流量计划

企业实际运营过程中，现金就像能使企业这台发动机运转的燃料，有些创业者缺乏管理现金流量的能力，导致企业经营中途抛锚。现金流量计划能够很明确地显示每个月预计会有多少现金流入和现金流出。制订现金流量计划可以帮助企业保持充足的动力，使企业避免陷入现金短缺的困境。

（十一）附录

附录包括市场研究材料、租约或合同、供应商和竞争者的报价单、产品的有关报道、样品、图片、荣誉等。

三、编制创业计划书的问题和困难

（一）知识限制

创业需要企业注册、管理、市场营销与资金融通等多方面的丰富知识。如果对目标市场和竞争对手情况了解甚少，在缺少相应知识储备的情况下，创业企业在残酷的市场竞争中将处于劣势。创业需要创业者在实际操作中把自己的知识与所创事业有机结合起来，但是很多创业者眼高手低，当创业计划转变为实际操作时，才发现自己根本不具备解决问题的能力，这样的创业无异于纸上谈兵。同时，在撰写创业计划书时，许多创业者无法把自己的创意准确而清晰地表达出来，缺少个性化的信息传递方法，或分析采用的数据经不起推敲，没有说服力。

（二）经验缺乏

经验是从多次实践中得到的知识或技能。创业需要有管理经验、市场开拓的经验、营销方面的经验等。大学生有理想与抱负，但容易眼高手低，很多人没有任何实际经营经验，在这种情况下，本着"摸着石头过河"的战略方针开始创业之路，其过程中的一个个小问题如果没办法及时有效地解决，很容易变成一颗颗炸弹，一旦爆发，也就宣告该次创业失败。

（三）心态问题

创业失败的原因之一就是创业者空有创业激情，心理准备不足。从创业失败的情况看，许多创业者热情很高，但缺乏吃苦耐劳和坚持不懈的精神。尤其大学生创业群体受年龄及阅历等方面的限制，对创业风险没有清醒的认识，缺乏对可能遭遇的风险和失败的必要准备，并且，在创业时如果缺乏前期市场调研和论证，只凭自己的兴趣和想象来决定投资方向，结果注定会失败。创业首先要有风险意识，要能承受风险和失败，其次还要有责任感，要对公司、员工、投资者负责，最后务实精神也必不可少，必须踏实做事。

（四）创新能力薄弱

创新能力，也称为创新力，是运用知识和理论，在科学、艺术、技术和各种实践活动领域中不断提供具有经济价值、社会价值、生态价值的新思想、新理论、新方法和新发明的能力。创新能力是企业竞争的核心力，创新能力并不意味着要斥巨资，开发出划时代的新技术。大学生创业企业既没有这样的资源条件，更没有研发时间。大学生在创业过程中，一方面由于风险比较大，不具备进行产品（服务）技术创新的条件；另一方面，缺少专业人才对产品（服务）进行升级换代改造的研究，同时缺少资金，使企业用于创新和研发的经费很少，导致企业创新能力薄弱。

（五）资金问题

资金是企业经济活动的第一推动力，是经营企业的本钱。大学生要想凭借自己的技术或创意获得应有的回报，就必须解决好资金的筹措问题。万事开头难，如果资金不足，那么创业就更难。目前，大学生创业缺资金、少经验是普遍存在的问题，表现为急于得到资金，给小钱让大股份，贱卖技术或创意，另外也表现为对风险投资不负责任，"烧"别人的钱圆自己的梦。

除此之外，社会大环境也让大学生创业感到有些艰难。目前，创业所需的各种服务还不完善，如律师事务所制度、会计师事务所制度等。

四、创业计划书的编写

一份创业计划通常包括企业概况、主要产品和服务范围、市场概貌、营销策略、销售计划、市场管理计划、管理者及组织、财务计划、资金需求等情况。现就编写创业计划书的部分要点问题概括如下：

（一）企业概况

企业概况是整个创业计划书的概括性总结，通常读者在阅读了创业计划书的企业概况后，对此份创业计划书是否再有兴趣读下去已做出判断。在创业概况中通常要简单回答以下问题：

（1）创业企业所处的行业、企业经营的性质和范围。

（2）主要产品或服务的内容。

（3）创业企业的市场在哪里，谁是新企业的顾客，他们有哪些需求。

（4）创业企业的合伙人、投资人是谁。

（5）创业企业的竞争对手是谁，竞争对手对企业的发展有何影响。

（二）产品（服务）介绍

在进行投资项目评估时，投资人最关心的问题就是创业企业的产品、技术或服务在多大程度上能够解决现实生活中的问题，或者创业企业的产品（服务）能否帮助消费者节约开支，增加收入，能否节约能源。因此，产品（服务）介绍是创业计划书中不可缺少的内容。

在产品（服务）介绍部分，企业家要对产品（服务）做出详细的说明，说明要准确、通俗易懂，使非专业的投资者也能明白。产品介绍最好附上产品实物照片或其他资料。在产品（服务）介绍中通常要回答以下问题：

（1）消费者希望产品（服务）能解决什么问题，消费者从企业的产品（服务）中能获得什么好处。

（2）与竞争对手相比创业企业的产品有哪些优点，消费者为什么会选择本企业的产品。

（3）你为自己的产品（服务）采取了何种保护措施，拥有哪些专利、许可证，或与已经申请专利的厂家达成哪些协议。

（4）为什么产品定价可以使创业企业产生足够的利润，为什么消费者会大批量购买本企业的产品。

（5）创业企业采用何种方式改进产品的质量、性能，企业对发展新产品有哪些计划等。

在产品介绍中，虽然夸自己的产品是推销所必要的，但应注意，企业创业计划书中的每一项承诺都要努力去兑现。

（三）人员及组织结构

要想组成一支有战斗力的创业管理队伍，这支队伍应该是互补型的，而且要具有团队精神。创业企业通常要求具备负责产品设计与开发、市场营销、生产作业管理、企业理财等专业人员。

除此之外，创业企业还应对企业的组织结构进行简要介绍，提供企业的组织结构图、各部门的功能与责任、各部门的负责人及主要成员、企业的报酬（分配）体系、股东名单、董事会成员、各位董事的背景资料等。

（四）市场预测

市场预测是对将来商品的供求变化、相互关系以及各种影响因素的变化进行估计和预算。开展市场预测的意义和作用：市场预测是制订企业发展战略的依据；市场预测是选择目标市场的重要前提；市场预测是提高企业竞争能力和市场反应能力的手段。

市场预测的内容如下：

1.市场需求预测

用专门的手段和方法（通常用统计学的方法），对市场需求、消费者购买力及其投向、商品价格的变动趋势、商品市场的寿命周期、市场的占有率、营销的发展趋势、产品所需的资源等进行预测。

2.市场预测的程序

（1）确定预测目标，包括预测的内容、范围、要求、期限等。

（2）拟订预测方案，包括根据预测目标的内容和要求编制预测计划和参加人员。

（3）搜集整理资料，包括通过各种调查方式搜集、整理、筛选、分析与主体有关的资料。

（4）建立预测模型，包括选择适当的预测方法和评估方法，确定经济参数，分析各种变量之间的关系。

（5）进行分析评估，包括利用选定的预测模型和方法，对各种变量数据进行具体计算，并将结果进行分析、检验和评价。

3.预测方法

常用的预测方法主要有经验判断预测法（凭借直觉、主观经验和综合判断能力）、德尔菲法、时间序列分析预测法、因果分析预测法等。

（五）营销策略

影响营销策略的主要因素有消费者的特点、产品的特征、企业自身的状况和市场环境。在创业计划书中，营销策略主要包括市场结构和营销渠道的选择、营销队伍和管理、促销计划和广告策略、价格决策等。

（六）启动资金

企业运营前需要预测其启动资金，启动资金就是开办企业并使其正常运转需要准备的资金，包括投资和流量资金。投资是为开办企业而购置的固定资产、无形资产、开办费和其他费用等。流动资金是企业日常所需要支出的资金。

预测启动资金需要考虑以下问题：

（1）生产或者企业运营所需要的厂房、设备情况。

（2）办公设备情况。

（3）供应商物资供应和物资需求情况。

（4）日常运营费用情况。

（5）员工工资支付结算情况。

（6）其他相关问题。

（七）财务计划

财务计划包含销售收入预测、销售与成本计划、现金流量计划等专业财务表格，需要花费较多的时间和精力编制，专业性较强。在财务计划中，通常要回答以下问题：

（1）产品在每一个（会计）期间发出量有多少。

（2）单位产品的生产费用是多少。

（3）单位产品的定价是多少。

（4）使用什么分销渠道，所预期的成本和利润是多少。

（5）需要雇用哪几种类型的人员，雇用从何时开始，工资预算是多少。

在创业计划书的财务计划中还应包括提供的资料条件假设、预期的资产负债表、预期的损益表、现金收支分析、资金的来源与使用分析等。

五、创业计划书的展示技巧

一份好的创业计划书可以吸引投资者或者潜在投资者对这一项目的关注，而要达到这一目的，一方面需要合理安排创业计划书的内容，另一方面就需要在展示的过程中利用一些技巧，从而使投资者在最短的时间内了解这一项目的基本内容。通常，就内容而言，在展示创业计划书的过程中需要注意以下方面：

（一）创业计划书应适当简短

创业计划书除了要求对准备创业计划的目的、过程和结果进行全面描述外，还要求简短，尽量避免长篇的赘述，要做到主题突出。

（二）创业计划书的结构要有逻辑性，可以进行适当包装

创业计划书中的目录、企业概况、正文等内容之间都有很强的连贯性和逻辑性，在书写过程中要注意内容之间的相互呼应，不得出现相互矛盾的现象。同时，对创业计划书也可以进行适当的包装，但要庄重、大方，不要过度修饰，避免喧宾夺主。

（三）创业计划书中的预测数据要突出、合理

创业计划书不是对已经发生事情的描述，而是对项目的预期收益进行阐述，通过对投资回收期、投资报酬率等指标的计算和预测来说明项目投资的价值。但提供的预测数据也要有根据，令人信服，避免夸大其词。

除了在书面内容方面要注意展示技巧外，创业计划书有时候还需要与投资者进行面对面的交流，在这个过程中也需要注意展示的技巧。

创业计划书兼具演讲和报告的双重特点，一方面要求内容准确和严谨，另一方面也要求具有一定鼓动情绪的作用，激情在创业计划展示中发挥着重要的作用。在面对面进行展示的过程中，一方面要字正腔圆，表情丰富，动作优美，感情充沛，另一方面要有理有据，以理服人。

六、创业计划的作用

创业计划是创业的行动导向和路线图，是大学生或者企业面向投资者推销宣传自己的工具和企业对内部加强管理的依据。它的作用体现在：

（一）为创业者的行动提供指导和规划

在创业融资之前，创业者需要有一个合理的规划，从而形成创业计划。创业需要创业者以认真的态度对自己所有的资源、已知的市场情况和初步的竞争策略做详尽的分析，并构思出一个初步的行动计划，做到心中有数。对初创的风险企业来说，创业计划尤为重要，一个酝酿中的项目，往往很模糊，通过制订创业计划，把所思所想条理清楚地记录下来，然后再逐条推敲，会使创业者对创业项目有更加清晰的认识，还为创业资金的形成和风险分析预先有所准备。

（二）帮助创业者凝聚人心，进行有效管理

一份完美的创业计划书可以增强创业者的自信，使创业者明显感到对企业更容易控制、对经营更有把握。因为创业计划提供了企业全部的现状和未来发展的方向，也为企业提供了良好的效益评价体系和管理监控指标。创业计划书使创业者在创业实践中有章可循。

创业计划书通过描绘新创企业的发展前景和成长潜力，使管理层和员工对企业及个人的未来充满信心，并明确要从事什么项目和活动，从而使大家了解将要充当什么角色，完成什么工作，以及自己是否胜任这些工作。因此，创业计划书对创业者吸引所需要的人力资源，凝聚人心，具有重要作用。

（三）为创业者与外界沟通提供基本依据

创业计划书作为一份全方位的创业计划，是对即将展开的创业项目进行可行性分析的过程，也向风险投资商、银行、客户和供应商宣传拟建企业及其经营方式，包括企业的产品、营销、市场及人员、制度、管理的过程，在一定程度上也是拟建企业对外进行宣传和包装的文件。一份完美的创业计划书不但会增强创业者自己的信心，而且会增强风险投资商、合作伙伴、员工、供应商、分销商等对创业者的信心。而这些信心，正是创业者走向创业成功的基础。

课堂活动

活动一：

内容：了解创业计划的重要性

目的：分析创业成功的案例，理解创业计划的重要性。

要求：组织学生以5人为一组组建团队，然后课堂撰写一份创业计划书（有主体框架和主要内容），最后各团队进行课堂答辩（限时5分钟），并以投票形式选取优秀的创业团队。

思路：分析创业计划书的主体框架和主要内容。

活动二：

你为创业做好准备了吗？请回答以下问题。

1.你决定出售什么产品或提供什么服务？

2.你知道你的顾客是谁吗？

3.你了解潜在顾客怎样看待你的产品或服务吗？

4.你知道你的竞争对手的产品或服务的价格吗？

5.你知道你的竞争对手的长处和短处吗？

6.你预测过自己的销量吗？

7.你制订产品或服务的销售价格了吗？

8.你选择好企业设置的地点了吗？

9.你决定使用哪种销售方式了吗？

10.你决定使用促销方式了吗？

11.你知道自己的促销需要多少钱吗？

12.你已经选定某种企业法律形态了吗？

13.你决定需要什么样的员工了吗？

14.你知道雇用员工的法律责任吗？

15.你知道对你的企业的所有法律要求吗？

16.你知道你的企业需要什么样的营业执照和哪些许可证吗？

17.你知道办这些营业执照和许可证需要多少钱吗？

18.你决定为你的企业办理哪些保险？

19.你知道办保险需要多少钱吗？

20.你预测第一年的销售量了吗？

21.你预测第一年的销售收入了吗？

22.你制订第一年的销售与成本计划了吗？

23.你的销售与成本计划表明第一年有利润吗？

24.你制订现金流量计划了吗？

25.你的现金流量计划是否表明在你经营企业的前6个月里不会耗尽所有现金？

26.你计算过开办企业所需要的启动资金数额吗？

27.你为企业筹集到所有的启动资金了吗？

28.如果你计划申请贷款，你预测过可用于担保的资产价值吗？

29.你是否对创办自己的企业有足够的信心？

课后思考实践

通过网络、报刊等渠道查找相关的创业案例，选取其一进行描述，并结合创业计划书的重要性进行阐述，分析自己所查找的案例中主人翁的做法、其企业的定位及其可行性。最后，结合前期学习的创业知识内容阐述自己的想法。

第三节　融资管理

一、创业融资的含义

融资简单来说就是一个企业的资金筹集的行为与过程。所谓创业融资，是指创业者为了将某种创意转化为商业现实，根据未来新创企业经营策略与发展需要，通过科学的预测和决策，采用一定的方式，从一定的渠道向投资者或债权人筹集资金，组织创业启动资金的一种经济行为。创业融资是为了解决企业成立前后的创业启动资金问题，是创业者最重要的一次融资。

创业早期需要筹集较多资金，用以支持企业的如期成立、顺利运营。许多创业者缺少融资的经验，不了解融资的方式、渠道及各自的特点，往往造成企业的启动资金筹备不足。因此，创业者在筹集资金时，应根据自身情况，选择适合自己企业发展的融资方式和渠道。

二、创业融资的渠道

创业融资的主要渠道包括自我融资、向亲朋好友融资、天使投资、商业银行贷款、担保机构融资、风险投资和政府创业扶持基金等。其中自我融资、向亲朋好友融资、天使投资属于私人资本融资渠道；商业银行贷款、担保机构融资、风险投资、政府创业扶持基金等属于机构融资渠道。

（一）自我融资

虽然创业是具有高风险的经济活动，但是创业者应将自有资金的大部分投入企业创办中。一方面，从新创企业的经营控制或资金成本角度来说，自有资金所占比例非常重要，关系着创业者对企业的经营控制权限；另一方面，在引入外部资金尤其是银行贷款、私人投资者以及风险投资家的资金时，通常需要拥有个人资本。

创业者投入自有资金，对个人而言，个人才能和资金在创业活动中可以充分发挥其作用，企业创办成功后，可以掌握更多的股份；对其他投资者而言，创业者充分展示对自家企业的信心，是全心全意的实干家，创业者会谨慎使用每一笔资金，增加投资者对创业者的信任感，从而增加投资者对其创业企业投资的可能性。

自我融资虽然是融资的一种渠道，但它不是根本性的解决方案，在创业企业的不同发展阶段，需要不同的融资渠道。

（二）向亲朋好友融资

新创企业早期需要的资金量少且具有高度的不确定性，对银行等金融机构缺乏吸引力，这使亲朋好友融资成为创业者此时可选的主要融资渠道之一。亲朋好友除直接提供资金外，更多的是为贷款提供担保。亲朋好友的特殊关系使这一融资渠道有效克服了信息不对称问题。但亲朋好友这一裙带关系的存在，又使这一融资渠道很容易发生纠纷。因此，应将亲朋好友提供的资金与其他投资者提供的资金同等对待。

（三）天使投资

天使投资起源于纽约百老汇，是自由投资者或非正式机构对有创意的创业项目或小型初创企业进行的一次性前期投资，是一种非组织化的创业投资渠道。天使投资直接向企业进行权益投资，不仅提供现金，还提供专业知识和社会资源方面的支持。天使投资程序简单，短时期内资金就可到位。

天使投资虽是风险投资的一种，但两者有着较大差别。其一，天使投资是一种非组织化的创业投资形式，其资金来源大多是民间资本，而非专业的风险投资商。其二，天使投资的门槛较低，有时即便是一个创业构思，只要有发展潜力，就能获得资金，而风险投资一般对这些尚未诞生或嗷嗷待哺的"婴儿"兴趣不大。对刚刚起步的创业者来说，既吃不了银行贷款的"大米饭"，又沾不了风险投资"维生素"的光，在这种情况下，只能靠天使投资的"婴儿奶粉"来吸收营养并茁壮成长。

（四）商业银行贷款

商业银行贷款往往是创业者的首选外源融资渠道。目前，商业银行贷款主要有以下四种：一是抵押贷款，指向银行提供一定的财产作为贷款的保证的贷款方式。二是信用贷款，指银行仅凭对借款人资信的信任而发放的贷款，借款人无须向银行提供抵押物。三是担保贷款，指以担保人的信用为担保而发放的贷款。其中，政府对创业者融资有一项专门的政策，即小额担保贷款，扶持范围包括：城镇登记失业人员、大中专毕业生、军队退役人员、军人家属、残疾人、低保人员、外出务工返乡创业人员。对符合条件的人员，每人最高贷款额度为15万元，对微利项目增加的利息由中央财政全额负担。对大学生和科技人员在高新技术领域实现自主创业的，每人最高贷款额度为20万元。四是贴现贷款，指借款人在急需资金时，以未到期的票据向银行申请贴现而融通资金的贷款。

（五）担保机构融资

从20世纪20年代起，许多国家为了支持本国中小企业的发展，先后成立了为中小企业提供融资担保的信用机构。目前，全世界已有48%的国家和地区建立了中小企业信用担保体系，其主要目的在于解决银行贷款难的问题。我国近年来在这一方面也做出了许多有益的尝试，建立了一批信用担保机构，为创业企业提供资金融通的渠道。比如国家融资担保基金公司的担保对象是小微企业、"三农"类企业、创业创新企业。根据政府相关工作人员测算，随着后续国家融资担保基金出资到位，从2019年开始将实现每年新增支持15万家小微企业和1400亿元的贷款目标，今后三年基金累计可支持相关担保贷款5000亿元左右，约占全国融资担保业务的1/4，着力解决好小微企业等领域融资难、融资贵等问题。

（六）风险投资

风险投资起源于15世纪的英国、葡萄牙和西班牙。它是一种股权投资，采取由职业金融家群体募集社会资金，形成风险创业投资基金，再由投资专家管理投入到新兴的、迅速发展的、有巨大竞争潜力的风险企业中的方式进行运作。

由投资专家管理、投向年轻但有广阔发展前景并处于快速成长中的企业的资本被称为风险资金或风险基金，而风险投资基金的管理者，即风险投资的直接参与者和实际操作者被称为风险投资机构，他们最直接地承受风险并分享收益。风险投资是一项没有担保的投资，高风险与高收益并存。一般投资周期较长，为3~7年。风险投资是投资与管理的结合，是金融与科技的结合，主要投向科技型中小企业。

（七）政府创业扶持基金

在建设创新型国家的经济发展理念的引导下，我国已出台了若干政策鼓励创业，设立了科技型中小企业技术创新基金。各地设立了若干"孵化器"，提供融资。各地政府也根据地方经济发展特点和需要相继出台了各种各样的政府创业扶持基金政策，其内容多变，形式多样，包含从税收优惠到资金扶持、从特殊立项到特殊人群的各种创业基金。如近年来为解决大学生就业难这一问题，鼓励大学生自主创业，设立了大学生创业基金，为有创业梦想但缺乏资金的大学生提供启动资金，以最低的融资成本满足大学生创业者的最大资金需求。

当前，大学生创业基金已成为圆梦创业的助推器，为切实解决大学生创业资金问题起到了重要作用。而为了解决下岗职工自主创业资金难的问题，通过建立创业示范基地实施一系列优惠政策，有效扶持了下岗职工的自主创业。深圳经济特区则采取了贷款贴息、无偿资助、资本金（股本金）投入等方式向科技创新企业提供资金，推动企业创新，加速企业创业发展的步伐。无疑，政府创业扶持基金这一融资渠道表现出融资成本较低的显著特点。

除了以上七种常见创业融资渠道外，典当融资、设备融资租赁、孵化器融资、集群融资、供应链融资等渠道也是创业企业可以利用的融资渠道。

案例分析

腾讯公司的融资过程

1.创业初期，自我融资

1998年11月11日，马化腾和同学张志东在广东省深圳市正式注册成立"深圳市腾讯计算机系统有限公司"，之后许晨晔、陈一丹、曾李青相继加入。公司注册资本50万元，马化腾出资23.75万元，占47.5%的股份；张志东出资10万元，占20%的股份；曾李青出资6.25万元，占12.5%；许晨晔、陈一丹两人各出5万元，各占10%。

腾讯的第一任法人代表兼董事长是马化腾的妈妈黄慧卿，一度占股份60%。不仅如此，黄慧卿还做过儿子创业初期的客服。

从1998年注册资本为50万元人民币的"深圳市腾讯计算机系统有限公司"到今天的腾讯控股6.69万亿港元（2021年3月4日），国际投资机构功不可没。

2.资金短缺，天使投资

2000年4月，IDG和香港盈科共投入220万美元风险投资，分别持有腾讯控股总股本的20%，成为腾讯的"天使投资人"。马化腾及其团队挂股60%。正是这220万美元的风险资金，让弹尽粮绝的腾讯起死回生，为腾讯日后的迅速崛起奠定了基础。

3.增次扩股，风险投资

2001年6月，在以110万元的投资，不到一年即获得1000余万美元的回报后，香港盈科又以1260万美元的价格将其所持腾讯控股20%的股权悉数出售给米拉德国际控股集团公司（MIH）。起源于南非的MIH传媒巨头不满足于从盈科手中购得20%股权，又从IDG手中收购了腾讯控股13%的股份。此时，MIH的连连出手使腾讯的股权结构变为创始人团队占有46.3%、MIH占46.5%、IDG占有7.2%。

2003年8月，出于上市方面的原因，腾讯进行股权结构调整，将IDG手中7.2%股权悉数回收的同时，又从MIH手中回购少量股权，此时控股结构变成腾讯与MIH各持50%的局面。

4.上市

2004年6月16日，腾讯QQ正式在香港挂牌上市，上市简称为腾讯控股。在此次上市中，其超额认购的首次公开募股（IPO）将带来总计14.4亿港元的净收入。此次IPO采取增加股本方式稀释原有股东比例。12位自然人与MIH所占腾讯控股比例各从50%减到37.5%。同年8月31日，ABSABank宣布持有1.85亿腾讯股票，占已发行股份的10.43%。

（资料来源：根据网络相关资料整理）

分析：

1.自我融资：有利于创业者控制企业，占有企业绝大部分的股份，但资金往往是有限的，且风险性较大，一旦创业失败，创业者个人的多年积蓄将付之东流。

2.天使投资：建立在一定信任的基础上，某种程度上跟向亲朋好友融资有些相似，但会有一些回报，投资金额少。

3.风险投资：投资者拥有一部分股权，会造成经营压力。

4.上市：股票增值，融资到一大笔低使用成本的资金（14.4亿港元）。

三、创业融资的选择策略

（一）创业融资前的准备

1.建立个人信用

个人信用是创业者拥有的一项高价值的无形资产，也是创业者获得投资者信任的关键软资源。在当今社会，信用已经成为个人声誉的重要考量内容。因此，创业者应该从现在起建立个人信用，着眼于未来长期声誉的形成，为自己积累良好的信用记录，为创业融资的成功奠定坚实的基础。

2.积累社会资本

社会资本作为创业资源中的关键资源之一，是确保创业者获取其他资源的核心因素，而人际关系作为其关键推进力量，具有较强的资源获取的延展性。因此，创业融资前，需要创业者不断积累丰富的人脉资源以形成强大的人际关系网络，从而突破个人资源有限的融资瓶颈，延伸出大量潜在的高价值、稀缺创业资源，为创业融资成功提供额外的保障。

3.撰写创业计划书

撰写创业计划书具有两大作用：第一，通过规划未来的经营路线和设计相应的战略来引导创业企业的经营活动；第二，用于吸引借款人和投资者。撰写创业计划书的第二大作用表明在创业融资过程中，创业者必须编制科学、有吸引力的创业计划书并展示给投资者，以获得投资者的青睐，从而筹措到创业资金开展后续创业活动。因此，要吸引投资者，创业计划书要清晰地阐述企业的使命、企业与行业的特征、企业的目标，要充分展示企业的经营战略、产品或服务的特性、市场营销战略、目标市场的选择、市场需求量、广告和促销、市场规模和趋势、地点、定价、分销、竞争者分析等一系列问题，要向投资者展示创业者与管理者的简历、公司的组织结构，要展示创业企业的财务资料，明确提出资金需要量和投资者的退出方式，以系统、翔实的创业计划书向投资者证实项目的可行性，树立投资者对项目成功的信心以确保融资成功。

4.测算不同阶段的资金需求量

由于创业融资具有显著的阶段性，因此，融资前需要准确测算不同阶段的资金需求量，以形成合理的资本结构，降低融资成本。这就要求创业者根据创业规划，参考本行业的财务比率，再考虑各种合理假设，先计算出收入与成本费用预测，然后做出资本性支出预算与流动资金需求预测，最后做出资产负债表、利润表和现金流量表的预测。对初创企业而言，按季度的现金流预测和逐月的费用预算，是做好融资计划、保证企业正常运转的重要工作。而投资商也一定会根据企业的"烧钱"速度了解企业的资金需求量。财务预测需要说明收入确认的准则，特别是与境外投资者联系的时候，要注意各国会计准则的不同，这也是为什么有经验的投资者更注重现金流量表预测而不是利润表预测。

（二）创业融资渠道的选择原则

1.融资成本与融资收益匹配原则

不同融资渠道具有不同的融资成本，相对而言，自我融资的成本低于机构融资的成本，债务融资的成本低于股权融资的成本。创业融资渠道的选择必须考虑不同融资渠道的成本与收益的合理匹配，争取以最低的成本获取所需资金。

2.融资渠道与发展阶段匹配原则

创业融资的显著特点是阶段性，这就意味着不同阶段的创业融资需求显著不同，而融资渠道的选择应符合融资需求的特性，融资渠道的选择也必然随融资需求的变化而有所变化，表现出一定的阶段性。因此，创业融资渠道的选择应与创业企业发展不同时期相匹配，以有效提供资金，推动创业企业不断提升。

3.融资期限匹配原则

长期资金与短期资金由于占用时间不同，在使用成本上存在着显著差异。同时，由于长短期资金管理成本和面临的风险存在显著差异，因此长期资金与短期资金的总资本成本也差异显著。因此，为降低融资风险，保持科学合理的资本成本水平，融资理论强调融资与投资的期限匹配原则，即长期资金用于长期投资项目，如用于购置固定资产等可长期使用的资产，短期资金用于日常周转和短期资金消耗。对创业企业而言，筹集创业不同阶段所需资金也应遵循期限匹配原则。对用于固定资产和永久性流动资产上的资金，采取中长期融资方式筹措；对季节性、周期性和随机因素造成企业经营活动变化所需的资金，则采取短期融资方式筹措，力求实现期限结构的科学匹配。

（三）创业融资渠道选择策略

根据融资成本与融资收益匹配原则、融资渠道与发展阶段匹配原则及融资期限匹配原则，结合常见融资渠道的特点，我们认为应采取在创业企业生命周期不同阶段分批注入的策略。创业企业在种子期，更多依赖个人融资，大部分资金源自创业者个人，而随着创业企业进入成长期后，机构融资渠道越来越多地被使用，特别是当创业企业进入成熟期后，将大量地使用上市、发行债券等这样的金融工具进行融资。创业融资渠道的选择不是单一的行为，是综合考虑不同阶段特点和发展需求后的一种组合选择。

案例分析

创业故事：UCWEB的天使投资第一步

走出电梯，联想投资副总裁俞永福心情沉重，甚至有点悲伤，决策委员会刚刚以2：2的投票结果不同意投资手机浏览器公司UCWEB，而这是他非常看好的一个案子，此前半年也倾注了大量的热情，结果却让人失望，现在他必须把这个坏消息告诉UCWEB的两位创始人：梁捷与何小鹏。

时间已近晚上8点，联想投资所在的融科资讯中心楼下的西餐厅里食客寥寥，略显冷清，梁捷与何小鹏在这里等了4个小时，仿佛在等待命运的裁决。一会儿想如果拿到联想投资的100万美元，该怎么花；一会儿又想，如果拿不到，UCWEB又该往何处去。他们创业2年多，此时UCWEB的现金已经枯竭，迫切需要资金注入。

可惜，俞永福带来的消息让梁捷和何小鹏很沮丧。短暂的沉默过后，何小鹏问俞永福："永福，你愿不愿意和我们一起干？"显然这不是一个普通的请求，在外人看来甚至不无唐突，但俞永福在那一瞬间只感到如释重负，甚至很欣慰：自己既然很看好UCWEB这个项目，也一直有创业的冲动，还等待什么？他几乎立即接受了这个邀请，气氛一下子由沉重变得欢快起来，三人一起点了晚餐，开始谈下一步融资和UCWEB的发展规划。

三人分手后，俞永福立刻给雷军打电话，约他出来聊天，打这个电话的原因很简单，1年多以前，雷军曾对俞永福说："如果你将来要创业，无论做什么我都支持。"见面后，俞永福要了一瓶啤酒，雷军感觉到俞永福有点郁闷。俞永福告诉雷军UCWEB融资遇挫的事，雷军的第一反应是问俞永福："要不要我打电话给朱总(联想投资总裁朱立南)说一下?"这不是俞永福的来意,他也深知投资人其实都是自己说服自己,而不是靠别人说服,就拒绝了雷军的提议。他沉吟了一下便直接问雷军有没有兴趣投资UCWEB,俞永福和雷军此前曾聊过UCWEB,作为时任金山软件CEO,雷军对无线互联网一向颇有研究,此前还投资过无线社区乐讯网,他的回答很有意思:"UCWEB最大的问题是他们的团队,两位创始人都是纯技术背景,这是很大的缺陷,这个问题不解决,很难发展起来,我投资可以,但你必须加入这个团队。"雷军和俞永福一拍即合。

塞翁失马,焉知非福。2006年11月20日这天,梁捷与何小鹏失去了联想投资的100万美元,却得到了未来CEO俞永福和董事长雷军的加盟,谁也没有注意到,得失变换间,这家只有15个人的小创业公司悄然完成了至关重要的变化,一个完整的创业团队就此初步成型,并随即走上高速成长之路:2006年年底,UCWEB获得以雷军为主的400万元投资;2007年8月,UCWEB获得晨兴和联创策源的1000万美元投资,半年内公司估值增加十余倍。

(资料来源:新浪财经,2008年12月11日,有删改)

分析:我们看看问题出在哪里。当时的UCWEB公司,主要做UCWEB手机浏览器,靠口口相传发展到了近200万用户,这个业务做得非常出色。但由于资金紧张,只有3个人在维护。为了生存下来,其他的12个人都在做项目,幸运的是拿下了中国移动价值千万元的手机办公系统项目,基本可以养活整个公司。

接下来,我们看看成功创业项目的十大标准:

一、团队

投资就是投人,人是最关键的因素。在商业社会里,人最重要的基础素质是诚信,没有诚信的人,是不会有人投资的。

①能洞察用户需求,对市场极其敏感。

②志存高远并脚踏实地。

③最好是两三个优势互补的人一起创业。

④一定要有技术过硬并能带队伍的技术带头人(互联网项目)。

⑤低成本情况下的快速扩张能力。

⑥履历漂亮的人优先，比如有创业成功经验的人会加分。

二、方向(在对的时候做对的事情)

⑦做最肥的市场，选择自己能做的最大的市场。只有大市场才能造就大企业，小池子养不了大鱼。方向有偏差的话，会浪费宝贵的创业资源。

⑧选择正确的时间点。市场基本成熟了，企业也已有雏形，引入天使投资后，业务会得到爆炸性增长。

⑨专注、专注再专注。最好只做一件事情，这样能把事情做到极致!

⑩业务在小规模下被验证，有机会在某个垂直市场做到数一数二的位置。

从以上10条标准来看，并综合对比案例，得出以下关键因素:

(1) (条件③)创业团队。何小鹏、梁捷是非常好的研发组合，但缺少CEO带队。

(2) (条件⑦)做最肥的市场。中国移动的大单，对创业者来说是件大事，基本可以养活自己，略有盈余，但对于想拿上百万美元的风投，这个生意太小了。

(3) (条件⑨)专注。个人市场和企业市场同时做，很难做好。

梁捷回忆道：我投资UCWEB后，短短的几个月，中小企业就融资了1000万美元，公司价值增长了10多倍。看起来也很"梦幻"，这怎么可能呢? 其实不是我个人能力的原因，而是我们大家一起踏踏实实在企业战略和团队上做了重大调整，调整后公司的价值发生了质的变化:

(1) 何小鹏邀请俞永福加入创业团队，出任CEO，团队变得完整了。

(2) 放弃了企业市场，专注手机浏览器的个人消费市场，目标单一。

(3) 进一步坚定了做一个大公司的梦想，给了投资者足够的想象空间。对照10条标准，全部满足，再谈中小企业融资就相对简单了。如果没有这些，中小企业融资就是空中楼阁。

课堂活动

　　同学们自由组合组建一支创业团队，模拟一个创业项目为背景，在创业初期对该公司进行融资租赁，给大家15分钟时间进行分析并列举融资的方法途径、流程介绍以及团队选取该融资方式的优势与劣势，最后各团队选出代表进行阐述，其余同学进行投票选取优秀的团队。

课后思考实践

　　1.简述创业融资计划书的主要内容。

　　2.列出自己了解的创业融资方法，并列举实例进行一一阐述说明。

第六章 如何成功创办企业

创业是不拘泥于当前资源条件的限制对机会的追寻，将不同的资源组合，以利用和开发机会并创造价值的过程。风险与机会伴随创业的全过程，是创业活动的固有属性。对创业者而言，除了风险外，没有什么是确定的。在创业过程中，创业者必须清晰地了解以下问题：创业需要面对哪些风险?如何有效地管理风险?

通过本章的学习，你将能够：

1.了解创办企业将会面临的风险；

2.认识创业面临的外部压力和风险；

3.知道创业风险的类型及防范策略；

4.了解企业相关的法律。

第一节 创办企业面临的风险

一、创业风险的含义及特征

（一）创业风险的含义

所谓创业风险，是指由创业环境的不确定性，创业机会与新企业的复杂性，创业者、创业团队与创业投资者的能力的有限性，导致的创业活动偏离预期目标的可能性及后果。

（二）创业风险的特征

1.创业风险具有客观性

创业风险具有客观性，是指在创业过程中，风险在很大程度上是不以创业者或创业主体的意志为转移的，是独立于创业者或创业主体意志之外的客观存在。例如，自然界的洪水灾害、社会领域的战争或冲突、创业过程中发生的意外事故等，都是不以创业者或创业主体的意志为转移的客观存在。

2.创业风险具有普遍性

人类历史就是与各种风险相伴的历史。人类自出现后，就面临着各种各样的风险，如自然灾害、疾病伤残、死亡、战争等。可以说，风险无处不在、无时不有，创业风险也不例外，具有普遍性。

3.创业风险具有不确定性

创业风险具有不确定性，是指在创业过程中由于信息的不对称，创业者或创业主体对未来的风险难以预测，主要表现在以下几个方面：

（1）风险是否发生，即风险发生的概率的不确定性。

（2）风险发生时间和空间的不确定性。

（3）风险产生的结果的不确定，即损失程度和范围的不确定性。

这就要求要尽可能在有限条件基础上进行全方位、全过程的防范。当然这也会给创业过程带来较高的防范成本。有时候，创业者或创业主体面对不确定的创业风险会显得无力和无奈。

4.创业风险具有可测定性与测不准性

创业风险具有可测定性与测不准性，一方面指创业风险是可以测量的，即可通过定性或定量的方法对其进行评估，另一方面指创业风险的实际结果常常会与预测的出现偏离误差范围的状况，这是由创业投资的测不准、创业产品周期的测不准和创业产品市场的测不准造成的。

二、创业风险的类型

创业风险中，一些是可以预测的，一些是不可以预测的。在创业前期准备阶段，创业者或创业主体需要对未来可能出现的风险有一个理性的把握。创业者掌握创业风险的分类，有助于在创业的不同发展阶段，结合对风险的评估，努力防范和降低风险。创业风险大致可以分为以下几种类型。

（一）管理风险

管理风险是指新创企业的经营机制和管理方法不能适应企业发展而导致失败的可能性。随着企业经营的延续，新创企业的经营管理风险会逐渐显现，管理不善、决策失误、权力分配不合理、团队激励失效、缺少规划等都会影响企业持续经营的水平。如果在风险降临时没有准备好应对措施，或者企业没有进行科学合理的战略规划，又或者管理制度、经营策略等存在漏洞或缺陷，这都会给企业带来致命的打击。

（二）技术风险

技术风险往往存在于科技型创业企业中，是指由产品研究开发、技术整合、批量化生产中技术控制的探索性导致的不确定性而引起的风险。高科技产品更新换代的速度快、成果转化的周期短、市场反馈快、同行业内竞争激烈、产品设计和工艺更新迅速，这样的结果往往是一个创业团队耗费大量精力和时间辛苦研发出的某项产品、技术或服务，投放到市场时却发现产品的竞争优势并不明显，甚至很快被替代。尤其是在知识经济时代，伴随着某个创业者推出某项创新产品，极有可能发生其他同行或大企业也推出模仿创新的现象，甚至这种模仿创新超越之前创业者最先推出的产品，从而挤占市场空间。例如，智能手机取代传统手机的潮流让曾经的"手机王国"诺基亚轰然倒塌。

（三）财务风险

财务风险是指由于企业财务结构不合理、融资不当，使企业丧失偿债能力而导致收益下降或破产的风险。对创业企业而言，除了创业项目本身的投资风险外，其财务风险主要表现为融资风险和现金流风险。

依托高技术产品进行创业，需要的创业资金有两个特点：一是资金规模较大，二是融资渠道少。对新创企业而言，资金缺乏是最普遍的问题，如果创业者不能及时解决资金问题，非常容易使创业夭折。对高新技术创业活动而言，如果资金不能及时供应，高新技术迟迟不能产业化，很容易使其技术价值随着时间的推移不断贬值，甚至很快被后来的竞争对手超越，而使初始投入付之东流。在财务风险中，一个不可忽视的因素是通货膨胀。当发生通货膨胀时，政府一般会采取紧缩银根的金融政策，致使利率上升，使贷款成本随之增加，或难以获得贷款，从而导致"转化"资金紧张甚至中断。同时，通货膨胀出现后，会带动"转化"过程中使用的材料、设备等成本上升，使资金入不敷出。如果资金来源是风险投资公司，由于通货膨胀引起的股市和汇率的波动，也会使投资者承担一定的资金风险。

（四）市场风险

市场风险是指那些影响创业项目市场总体，而不针对任何特定创业项目的市场因素造成的风险。出现市场风险的原因，主要是受整个国家经济周期变化的影响。经济周期分萧条、复苏、高涨和危机几个阶段，在不同的阶段，市场的变化是非常复杂的。在高涨阶段，创业项目活跃、交易频繁、获利大增；而在危机阶段，创业项目则呈萎缩之势，从而给创业者造成巨大损失。因此，要尽量降低市场风险对企业的影响程度，创业者应当了解经济周期发展变化的规律，从而把握时机、减少损失、获取利益。

案例分析

案例1：魏先生欲在医院设立大屏幕药品广告播放系统，合作医院已经找到，药品生产厂家也十分愿意投放产品广告，正在紧锣密鼓地实施过程中，却遭遇了相关执法部门的制止。

分析：不熟悉新修订的《中华人民共和国药品管理法》，是该项目失败的直接原因。该法第八十九条规定："药品广告应当经广告主所在地省、自治区、直辖市人民政府确定的广告审查机关批准；未经批准的，不得发布。"

规避办法：不管从事哪一行业，必须先了解相关的政策、法律、法规，这是项目可行性分析首先要研究的问题，如果遭禁，只有另行选择。

案例2：张先生与开发计算机远程控制全色护栏灯的朋友合作，注册了一家公司，拟进行产品的推广。刚刚做出样机，客户就找上门来，看到计算机模拟演示效果后，便签订了一个很大的工程订单，由于工期较紧，便直接开始大批量生产，投入工程安装。最后由于产品抗干扰性能不过关，因此客户退货，给公司造成了巨大的经济损失。

分析：没有进行充分的产品可靠性试验，尤其是缺乏模拟现场工况的试验，是该项目失败的主要原因。

规避办法：凡是在创业中选择新发明、应用新技术或投资高科技新产品的时候，产品的可靠性、技术的成熟度是必须进行重点考核的可行性指标。在产品投入市场之前必须进行产品质量的相关测试，做出产品质量检测报告，如有条件应提供给部分客户使用，做出客户使用报告，将客户的使用情况全面、客观地反映出来，使我们能够正确地做出是否可以投入市场的决定，从而有效地规避贸然进入市场的经济风险和信用风险。

案例3： 金先生某次出差去深圳，看到某闹市区的路边正在设立一些停车计费咪表，于是便投入资金，研制停车计费咪表。尽管他很快研制出号称当时最先进的车载式咪表，但是公司却因为没有订单而长期亏损，两年后倒闭。

分析： 路边停车收费，不符合中国国情。于是，咪表计费行业便成为陷阱行业。仅深圳就有70余家咪表研制企业先后倒闭，成为闯入陷阱行业的牺牲者。

规避方法： 不管进入哪一行业进行创业，都必须对该行业的未来发展趋势做出正确的判断，如果把握不准，宁肯不进入。

（资料来源：豆丁网，2013年3月1日，有删改）

三、创业面临的外部压力和风险

（一）带领的团队合作不够

团队合作指的是一群有能力、有信念的人在特定的团队中，为了一个共同的目标相互支持、合作奋斗的过程。它可以调动团队成员的所有资源和才智，并且会自动地驱除所有不和谐、不公正现象，同时会给予那些诚心、大公无私的奉献者适当的回报。当团队合作是出于自觉自愿时，它必将产生一股强大而且持久的力量。

李嘉诚曾说："商业合作必须有三大前提，一是双方必须有可以合作的利益，二是必须有可以合作的意愿，三是双方必须有共享共荣的打算。此三者缺一不可。""人"字的结构就是相互支撑，"众"人的事业需要每个人的参与。一台机器通常是做不出产品的，一个零部件更发挥不了作用，只有组合才能使各个组成部分的作用得到充分发挥。团队成员的互补可以提高驾驭环境不确定性的能力，从而降低新创企业经营失败的风险。对一个创业初期的企业而言，团队合作尤为重要。

（二）对市场变化没有办法应对

市场是千变万化的，大多数创业者因为经验不足和缺乏技巧，无法根据市场的变化而调整促销手段、服务措施以及商品陈列，导致失去顾客、失去市场。市场就像一条道路，是曲折蜿蜒的，企业则像一辆汽车，如果汽车不能跟随道路的发展走向及时改变方向，而是一直朝着一个方向前行的话，将慢慢远离市场。这个道理很浅显，但是很多企业往往在所谓的"战略坚持"中远离了道路，远离了市场，也远离了消费者。因此创业者要实时关注市场的变化，根据自家企业发展的实际情况来改变相关战略目标，这样才能很好地适应市场的变化。

（三）企业倒闭风险

企业经营不可能一帆风顺，风险在所难免，要时刻警惕和时刻查漏补缺，即使企业失败也别泄气，因为失败可以带给你更多的经验和教训，这些是人成长过程中很宝贵的财富，你需要从中汲取更多的经验去提高自己今后面对风险的能力。

（四）来自对手的挑战

市场上激烈的竞争是无法避免的，你需要学习，尊重并战胜你的对手，赢得更大的市场空间。一个优秀的企业家应该学会如何在竞争中合作，在合作中竞争。

（五）偶然发生的意外灾害

你要采取应对措施，防止一些意外灾害给企业带来的损失。这些意外灾害是不能避免的，但是你可以采取一些有效的应对措施，把企业的损失降到一个最低的水平，这样你才是一个优秀的、出色的、有能力的企业经营者。

案例分析

雨后春笋般出现的直播平台为何纷纷倒下？

"来也匆匆，去也匆匆。"

原本红火的直播市场，在2017年迎来了倒闭潮，伴随众多直播平台纷纷倒下，揭开了直播行业虚假繁荣的面纱。

其中，光圈直播是最典型的一个。

清华大学历史系毕业的张轶于2014年创办光圈直播，不过，刚投身创业大潮的张轶当初选择的创业方向是图片社交，他的目标是做中国的"Instagram"。

2015年9月，张轶发现图片流量的大头还是被微信收割，创业者很难有立足之地。后来美国移动端直播App——Periscope、Meerkat相继出现，这引起了张轶的注意。

于是，2015年10月，光圈转型为视频直播App，致力于打造互动手机全民直播平台，成为直播行业最早的创业者。

2016年初，直播行业开始高速发展，短短3个月时间里，包括映客、花椒、一直播等超过100家直播平台拿到融资，而这一众直播平台背后也不乏腾讯、欢聚时代等上市公司的身影。

随后，为了在直播行业脱颖而出，光圈直播与旅游卫视联合举办了"光圈之星校花大赛"，一举成名。统计数据显示，彼时，光圈直播的用户数超过40万，日收入突破800万元，俨然直播行业的独角兽。

然而，一切高兴得有点太早。

2016年下半年，伴随着巨头入场，在激烈的烧钱竞争中，光圈直播尽管花光了所有的钱来获取流量，也的确拥有较高流量，他们却始终无法获得投资人的钱。

2017年6月，光圈直播在发放了6月份的薪水后，其员工就再也没拿到过一分钱工资。

除了员工，光圈还拖欠平台主播5000到9万元数额不等的薪资。

目前，光圈直播的官网已无法访问，CEO张轶在微信中坦承融资失利。在光圈倒闭后不久，直播平台倒闭潮正式开始，包括爱闹直播、趣直播、凸凸TV、网聚直播等在内的18家平台很快均无法登录或倒闭；2017年4月，国家网信办关停了红杏直播、蜜桃秀、蜂直播等18家直播类应用；两个月后，多地文化市场综合执法机构关停了悟空TV等11家手机表演平台。

一场倒闭大潮，轰轰烈烈地开始，然后一切又迅速地消失了。

（资料来源：搜狐网，2018年2月16日，有删改）

分析：过度追求风口，没有意识到真正的风险。

案例启示：

1.创业者和投资人过度追求风口，一时间出现众多直播平台，供给量远远大于需求量，最后洗牌倒闭是必然趋势。

2.没有跟得上行业高速发展。伴随着政策监管不断趋严，直播行业的准入门槛也在不断提高，2017年12月1日，国家开始对直播平台和主播提出了"双资质""先审后发""即时阻断"等要求，按照规定目前符合要求只有YY、虎牙直播、映客直播等少数几家。

3.平台型公司的资本之争。伴随行业巨头与"国家队"的入场，中小型直播平台资源薄弱，无法与巨头抗衡。如果不能够获得资本支持，伴随着带宽、内容和营销广告成本的不断上升，长期处于烧钱阶段的平台只能宣告倒闭。

课堂活动

活动一：

内容：创业风险分析

目的：正确识别创业过程中所面临的挑战和所要承担的风险。

形式：首先分小组进行讨论，由小组代表发言提出创业即将面临的挑战和风险，然后请其他小组针对以上风险制订风险规避措施，最后由老师对以上发言进行总结评价。

活动二：

主题：团队合作

内容：裁判1人，解说1人。说明：如有20人，分为4组，每组5人，每组选一人做探险者，另4人做援助者。探险者站成一排，剩下的援助者正对各自的探险者5米（距离不定）站成一列。游戏开始，解说人说："4位探险者开始了他们艰辛的旅程，他们走到了沙漠，天气炎热，需要水！"各组援助者必须以最快速度跑过去将水送到探险者手中，由裁判统计分数，最快送到的记4分，往下依次记3、2、1分，最后分数高的组获胜。游戏继续，解说人可以临场发挥探险者前往的地方和需要的东西。

　　意义：考核成员的反应速度和团队合作默契度。

课后思考实践

　　1.创业过程中，我们遇到了打击该怎么办？

　　2.请同学们谈谈，创业过程中，我们可以采取哪些方式来舒缓压力。

　　3.请同学们谈谈团队合作在创业中起到的作用。

　　4.请同学们谈谈在创业过程中会遇到哪些风险。

延伸阅读

　　1.创业准备要充分

　　有了创业意向，前期的工作一定要准备充分，盲目决定创业将会埋下风险隐患。大学生创业者应当通过政府政策扶持、高校创业指导，结合地方区域经济特点、社会发展需要，选择适合的项目。

　　大学生创业者在创业初期一定要做好市场调研，也可委托专业机构进行可行性研究，在了解市场的基础上创业。在创业之前，首先，大学生创业者可以在企业打工或者实习积累相关的管理和营销经验，也为自己日后的创业积累人脉。其次，大学生创业者积极参加创业培训，积累创业知识，接受专业指导，为自己"充电"。最后，大学生创业者还可参加各类创业大赛，模拟创业，以提高创业的成功率。以上各种途径，可以减少大学生创业的盲目性，降低创业失败的风险。

　　2.资金管理要科学

　　资金是企业生存与发展的基础，是企业进行经营活动的血脉，没有资金，再好的创意也难以转化为现实的生产力。在获取资金前应做好预算。首先得明白自己需要多少资金、如何获得资金。在创业初期，大学生创业者要拓展思路，多渠道融资，除了银行贷款、自筹资金等传统途径外，还可充分利用风险投资、天使投资、政府创业扶持基金等融资渠道。企业创办起来后，就必须考虑是否有足够的资金维持企业的日常运转，同时，还必须建立健全资金的内部控制制度，加强企业资金的管理，确保企业资金的安全完整、正常周转和合理使用，减少和避免损失浪费。要建立健全行之有效的内部控制制度，应针对企业经营活动中的各项风险，对业务流程重组，按照"职能分割，制约监督"的原则，建立业务管理、风险管理、财务管理三位一体的管理控制平台，完善事前防范、事中控制和事后监督的控制体系。

3.创业技能要精通

创业技能是一种以智力为核心的、具有较高综合性要求的能力。智力技能创业，是大学生创业的特色之路。一些风险投资商往往就因为看中大学生所掌握的先进技术，而愿意对其创业计划进行资助，因此，这就要求大学生创业者要有深厚的专业技术基础和较好的管理能力。身处高新科技前沿阵地的大学生，在这一领域创业有着"近水楼台先得月"的优势，网易、腾讯等企业的成功，就是得益于创业者的技术优势。

4.社会经验要丰富

良好的社交能力是创业成功的加速器。大学生思想比较单纯，涉世不深，经验缺乏，资源不足。在当今提倡合作双赢的时代，过去那种单枪匹马的创业方式已越来越不适应时代需求。大学生平时应多参加各种社会实践活动，扩大自己的人际交往范围，通过朋友掌握更多的信息、寻求更大的发展，为日后成功创业奠定基础。由于很多创业者投入很大精力在产品研发上，对所处的社会、政治、政策、法律环境了解不深，对突发事件缺乏敏锐性和应变能力，对紧急事件的处理不够恰当甚至失误将会直接导致创业活动失败，所以，创业企业并不是一个孤立的生产单元，创业者要认识到它与周围世界的联系，注意了解相关法律、政策信息，及时调整企业发展规划。

5.勇于创新要持久

创业的过程就是不断创造与创新的过程。没有创新，企业只会陷于激烈的竞争中，面临生存的考验。尤其是大学生创业者，经验缺乏、资源不足是硬伤，更要以创新来弥补，一定要注意技术创新，开发具有独立知识产权的产品。创新包括产品创新、技术创新、盈利模式创新、营销方式创新等，只有不断地创新才能使企业立于竞争的不败之地。

6. 心理素质要提升

大学生创业者一旦开始创业，就须对自己有信心，相信自己能成功，能做好，否则就难以坚持下去。创业是一份挑战自我的工作，只有不断相信自己，才能不断战胜不可能。如果在创业过程中，出现不自信的心理状况，那么创业就会大打折扣，会受到阻碍。创业者遇到困难需要冷静，不能急躁，浪费创业机会。在实际的创业过程中，遇到难题是很正常的，如果一味放弃，将会一败涂地，因此，沉稳冷静的心态是很重要的。在冷静下来之后，大学生创业者还要善于思考。此外，大学生创业者要能吃苦，不怕吃苦，才能制胜。很强的嫉妒心理，就会使人心胸狭窄，做事情就不能踏实肯干；多疑是不良情绪，容易产生悲观心理，会造成团队人心涣散、工作执行力和效率下降。因此，大学生创业者要不断提升心理素质，保持健康积极的心态。

7. 管理制度要健全

大学生创业者容易仅凭着一腔热情和一项技能而忽视企业管理的重要性。一个企业能够正常运行，不仅要有选定好的项目、充足的资金保证，还必须有一批高素质的企业管理者。这批管理者不能仅仅依靠书本上学过的企业管理和经营的知识，更重要的是要投身企业实践。企业管理分为员工的招聘管理、营销管理、生产管理、财务管理，任何一个环节出现问题都可能导致企业进入低谷甚至倒闭。一个企业要想持久地保持活力，除了要不断创新，健全的管理制度也是必不可少的。无论合作伙伴是谁，在企业的管理制度面前都是平等的，在出现问题时都应该严格按照制度执行。

第二节 用法律保护企业

当今社会我们扮演了很多角色，而我们最基本的角色是一个普通的公民，依法办事是公民和企业的责任。

在创办企业之前，我们应该熟悉企业应该承担的法律责任，掌握企业注册、纳税以及劳动合同等具体内容。现在，国家的政策越来越开放，也越来越利民，特别是针对大学生创业，不仅有很多优惠政策，还有一定的经济补助来鼓励大家创业。

一、企业相关法律知识

（图片来源：千库网）

如何成功地开办一个企业，了解相关的法律知识是必不可少的，与新办企业相关的法律主要有以下几项，见表6-1。

表6-1　与新办企业相关的法律

法律名称	相关基本内容
《中华人民共和国企业法》	《个人独资企业法》《合伙企业法》《个体工商管理条例》《中外合资经营企业法》《乡镇企业法》等
《中华人民共和国民法典》	个体工商户、农村承包经营户、个人合伙、企业法人、联营、代理、财产所有权、财产权、债权、知识产权、民事责任、一般合同的订立、效力履行、变更和转让、权利义务终止、违约责任等
《中华人民共和国劳动法》	促进就业、劳动合同和集体合同、工作时间和休息休假、工资、职业安全卫生、女职工和未成年人特殊保护、职业培训、社会保险和福利、劳动争议、监督检查等

其他企业相关的法律有《中华人民共和国会计法》《中华人民共和国税法》《中华人民共和国产品质量法》《中华人民共和国消费者权益保护法》《中华人民共和国反不正当竞争法》《中华人民共和国保险法》《中华人民共和国环境保护法》等。

在了解相关法律的基础上，企业创办者应该树立守法经营观念，要知道法律不仅对企业有约束的一面，也给你的企业提供法律保护。遵纪守法、诚信经营才能立足并持续发展，这样的企业才会赢得市场。

二、工商行政登记以及企业纳税

（一）个体工商户开业登记提交资料

（1）经营者签署的"个体工商户开业登记申请书"。

（2）经营者的身份证复印件；申请登记为家庭经营的，以主持经营者作为经营者登记，由全体参加经营的，家庭成员在"个体工商户开业登记申请书"经营者签名栏中签字予以确认。提交居民户口簿或者结婚证复印件作为家庭成员亲属关系证明；同时提交其他参加经营家庭成员的身份证复印件，对其姓名及身份证号码予以备案。

（3）申请登记的经营范围中有法律、行政法规和国务院决定规定必须在登记前报经批准的项目，应当提交有关许可证书或者批准文件复印件。

（4）住所(经营场所)信息申报承诺表。

（5）委托代理人办理的，还应提交经营者签署的"委托代理人证明"及委托代理人身份证复印件。以上各项未注明提交复印件的，应当提交原件；提交复印件的，应当注明"与原件一致"并由个体工商户经营者或者由其委托的代理人签字。

（二）注册一家新办企业需以下几个步骤

（1）咨询领表；

（2）查询名称；

（3）申请书、章程等材料受理；

（4）领取执照；

（5）办理税务、法人、企业组织代码登记。

在企业创办、开始正常经营之后，企业作为一个合法纳税人就必须履行依法纳税义务，与企业相关的主要税种有增值税、营业税、企业所得税、个人所得税、消费税、关税、城市维护建设费、教育费附加。企业创办者应该熟悉并掌握如何计算企业应纳税额，并进行公司税务筹划，减少公司经营成本。

案例分析

清算义务人应对欺诈注销的行为承担侵权赔偿责任

甲公司设立于2005年，注册资本200万元，股东曹某、孙某分别持股55%、45%，曹某任公司法定代表人。2013年11月，该公司召开股东会，形成决议决定解散公司，并于同日成立由两位股东组成的清算组，曹某为清算组负责人。2014年1月，该公司清算组向工商行政管理部门申请注销甲公司，申请书载明甲公司债权债务已清理完毕。清算组还一并提交了一份"清算报告"，该报告载明清算组于成立起10日内通知了全体债权人，并在相关报纸上刊登公告；具体债权债务清理情况为公司库存资产300万元，收回债权0元，偿还债务0元，剩余资产300万元，全部为货币，曹某分配210万元，孙某分配90万元；至报告出具之日，公司已清理完毕。曹某作为清算组负责人在申请书上签字确认，提交材料真实有效，明确声明对真实性承担责任。

2014年10月，乙公司诉至法院称，甲公司向银行借款1000万元，乙公司为该笔债务提供了担保。借款于2013年9月到期后，甲公司无力偿还，乙公司代其向银行偿还借款本息共计1100余万元。但是，乙公司向甲公司追偿时发现甲公司已被注销。经了解，甲公司的"清算报告"不实，公司注销时资产远不止300万元，两位股东通过恶意注销公司逃债，损害债权人利益，要求两位股东对欠款承担连带清偿责任。曹某、孙某抗辩称，赔偿范围应限于"清算报告"所载的300万元。诉讼中，曹某、孙某不能提供证据证明清算组实际开展了清算工作，亦不能提交相关证据证明"清算报告"的真实性。

法院生效判决认为，曹某、孙某未实际开展清算工作，属于《最高人民法院关于适用〈中华人民共和国公司法〉若干问题的规定

（二）》第十九条规定的"未经依法清算，以虚假的清算报告骗取公司登记机关办理法人注销登记，债权人主张其对公司债务承担相应赔偿责任的，人民法院应依法予以支持。"曹某、孙某作为公司原股东、清算组成员，不能提交公司注销时资产仅为300万元的证据，其关于赔偿应限于300万元的抗辩，不予支持。遂判决：曹某、孙某赔偿乙公司代垫款1100余万元及相应利息。

（资料来源：个人图书馆网，2019年4月26日，有删改）

分析：清算义务不被投资者重视的另一表现是欺诈注销行为的大量存在，即从公司办理注销手续的依据材料来看，清算程序依法进行，但实际上清算工作并未依法开展。这带来的法律风险是投资者有可能承担侵权责任。

规避方法：

结合本案，给出以下几点提示：①公司解散后，清算义务人负有在法定期间内组织清算组依法进行清算的义务，如不履行或不适当履行该义务给公司及债权人造成损失的，本质上属于侵权行为，应承担相应的民事责任。②清算义务人的不当行为可以分为不作为与作为两大类，前者包括履行清算义务的行为，后者包括未经依法清算，以虚假的清算报告骗取公司登记机关办理法人注销登记的行为，即欺诈注销。③清算义务人存在欺诈注销行为的，应承担侵权赔偿责任。

作为企业管理者，至少要具备以下素质：用法律保护企业的意识；企业管理的敏感性和理解力；良好的沟通能力和较强的操作性；独立完成工作的能力和变通的能力。创办初期的企业，在用法律来维权方面，企业管理者必须给予高度的重视。

课后思考实践

1.思考企业在经营过程中，会面临的其他风险以及如何用法律手段保护企业。

2.思考在经营过程中，企业应该承担哪些相关责任。

第七章　新办企业的管理

　　企业管理就像一条轨道，引领并规范着列车向目标前进，当没有轨道或轨道出现问题时，列车（企业）就会出现问题。由此可见，企业管理是一个企业发展的内在需求，能提高企业的运作效率，明确企业的发展方向。良好的企业管理能提高员工的积极性和主动性，充分发挥员工的潜能，实现企业对人才的需求。企业管理的优劣，关系到是否能树立良好的企业形象，是否能提高企业的社会效益和经济效益。

　　通过本章学习，你将能够：

　　1.掌握企业管理的内涵；

　　2.认识企业管理的目的及意义；

　　3.学会灵活使用企业管理的基本方法；

　　4.正确评估自己的企业管理的基本能力。

第一节　企业的日常管理

一、企业日常管理概述

（图片来源：千库网）

（一）企业日常管理的内涵

企业日常管理是对企业的生产经营活动进行组织、计划、指挥、监督和调节等一系列职能的总称。企业日常管理主要指运用各种策略与方法，对企业中的人、机器、原材料、方法、资产、信息、品牌、销售渠道等进行科学管理，从而实现组织目标的活动。由此对应衍生出各个管理分支：人力资源管理、行政管理、财务管理、研发管理、生产管理、采购管理、营销管理等。通常，企业会按照这些专门的管理分支设置职能部门。

（二）企业日常管理的四大方法

1."抽屉式"管理

"抽屉式"管理，现代管理也称之为"职务分析"。当今一些经济发达国家的大中型企业都非常重视"抽屉式"管理和职位分类，并且都在"抽屉式"管理的基础上，不同程度地建立了职位分类制度。"抽屉式"管理形容在每个管理人员办公桌的抽屉里都有一个明确的职务工作规范。在管理工作中，既不能有职无权，也不能有责无权，更不能有权无责，必须职、责、权、利相互结合。

企业进行"抽屉式"管理的五个步骤：

第一步，建立一个由企业各个部门组成的职务分析小组；

第二步，正确处理企业内部集权与分权的关系；

第三步，围绕企业的总体目标，层层分解，逐级落实职责权限范围；

第四步，编写"职务说明""职务规格"，制订每个职务工作的要求；

第五步，必须考虑将考核制度与奖惩制度相结合。

2."危机式"管理

由于全球经济竞争日趋激烈，世界著名大企业中有相当一部分已进入维持和衰退阶段，为改变状况，美国企业较为重视推行"危机式"管理，掀起了一股"末日管理"的浪潮。

美国企业界认为，如果一位经营者不能很好地与员工沟通，不能向他的员工表明危机确实存在，那么，他很快就会失去信誉，因而也会失去效率和效益。美国技术公司总裁威廉·伟思看到，全世界已变成一个竞争的战场，全球电信业正在变革中发挥重要作用。因此，他启用两名大胆改革的高级管理人员为副董事长，免去5名倾向于循序渐进改革的高级管理人员的职务，在员工中广泛宣传某些企业忽视产品质量导致成本上升进而失去用户的危机。他要全体员工知道，如果技术公司不把产品质量、生产成本及用户时刻放在突出位置，公司的末日就会来临。

3."一分钟"管理

目前，西方许多企业采用了"一分钟"管理法则，并取得了显著成效。具体内容为："一分钟"目标、"一分钟"赞美及"一分钟"惩罚。

所谓"一分钟"目标，就是企业中的每个人都将自己的主要目标和职责明确地记在一张纸上。每个目标及其检验标准应该在250个字内表达清楚，在一分钟内就能读完。这样，便于每个人明确认识自己为何而干、怎样去干，并且据此定期检查自己的工作。

"一分钟"赞美，就是人力资源激励。具体做法是企业的经理经常花费不长的时间，从员工所做的事情中挑出正确的部分加以赞美。这样可以促使每位员工明确自己所做的事情，更加努力地工作，并不断向完美的方向发展。

"一分钟"惩罚，是指某件事本该做好却没有做好，对有关人员首先进行及时批评，指出其错误，然后提醒他"你是如何器重他，不满的是他此时此地的工作"。这样，可以使做错事的人乐于接受批评，并注意避免以后同样错误的发生。

"一分钟"管理法则妙就妙在它大大缩短了管理过程，有立竿见影之效。"一分钟"目标，便于每个员工明确自己的工作职责，努力实现自己的工作目标；"一分钟"赞美可使每个员工更加努力地工作；"一分钟"惩罚可使做错事的人乐意接受批评，促使他今后工作更加认真。

（图片来源：千库网）

4.破格式管理

在企业诸多管理中，最终都通过对人事的管理达到变革创新的目的。因此，世界知名企业都根据企业内部竞争形势的变化积极进行人事管理制度变革，以激发员工的创造性。日本和韩国的企业，过去一直以工作年限作为晋升员工级别和提高工资标准的"年功制度"。这种制度适应了企业快速膨胀时期对用工用人的要求，提供了劳动力就业与发展的机会。自20世纪80年代以来，这些知名企业进入低增长和相对稳定阶段，"年功制度"已不能满足员工的晋升欲望，导致企业组织人事的活力下降。20世纪90年代初，日本、韩国的知名企业着手改革人事制度，大力推行根据工作能力和成果决定升降员工职务的"破格式"的新人事制度，收到了明显成效。世界知名企业人事制度的变革，集中反映出对人才潜力的充分挖掘，以盘活人事制度来盘活企业组织结构，注意培养和形成企业内部的"强人"机制，形成竞争、奋发、进取、开拓的新气象。

二、人力资源管理

（一）人力资源的概念

人力资源的概念是由管理大师彼得·德鲁克（Peter Drucker）于1954年在其著作《管理的实践》中首次正式提出并加以确定的。德鲁克指出人力资源和其他所有资源相较而言，唯一的区别就是，它是人，并且拥有其他资源所没有的特征，即协调能力、融合能力、判断能力和想象能力。关于人力资源的概念，国外学术界给出了不同的解释。伊万·伯格（Ivan Bcrg）认为，"人力资源是人类可用于生产产品或提供各种服务的活力、技能和知识"。内贝尔·埃利斯（Nabil Elias）认为，"人力资源是企业内部成员及外部的与企业相关的人，即总经理、雇员、合作伙伴和顾客等可提供潜在合作与服务及有利于企业预期经营活动的人力的总和"。

我国学者对人力资源概念的理解，仁者见仁，智者见智，观点各异，但总结概括后有以下4种代表性的观点。

1. 劳动力人口观

这种观点主要用于宏观层面的人力资源解释，在研究一个国家或地区的人力资源开发与管理时这种概念比较常用。这种观点认为人力资源等于劳动力，即认为人力资源是具有劳动能力的全部人口，确切地说，是指年满16岁及以上的具有劳动能力的全部人口。

2. 在岗人员观

这种观点通常在度量生产要素投入数量与收益时使用得较多。这种观点认为人力资源是目前正在从事社会劳动的全部人员，指一个国家、一个地区乃至一个组织能够作为生产性要素投入社会经济活动的劳动力人口。这种观点较第一种观点而言，其人力资源范围有所缩小，具有更为积极的意义，且将人力资源与劳动结合起来，认为只有参与了劳动，才能称为人力资源。但它忽略了在岗人员出工不出力、出力不出全力、出全力不出效益的现象。

3.人员素质观

这种观点最近几年才提出，在一般的组织管理中广泛使用。这种观点把人力资源看作人员素质综合发挥的作用力，认为人力资源是劳动生产过程中，可以直接投入的体质、智力、知识、经验和技能等方面的总和，从而将人力资源管理的基本单位由个体观转变为素质观、由人员观转变为人力观。

4.综合贡献观

这种观点在组织战略分析中运用得较多。这种观点认为人力资源是在一定区域范围内对国家或组织做出贡献的人员总和。对一个组织而言，人力资源主要是指存在于企业内部及外部的企业相关人员，包括各级经理、雇员、各类合作伙伴、顾客等可提供潜在合作与服务的、与企业经营活动有关的所有人力的总和。

综合以上各种观点可知，人力资源是指在一定时间与空间范围内，可以被用来产生经济效益和实现发展目标的体力、智力和心力等人力因素的总和，具体表现为体质、智力、知识、经验和技能等方面的总和。

（二）人力资源的特点

人力资源同其他资源相比具有如下特点：

1.人力资源的社会性和群体性

与物质资源相比，人力资源最本质的属性就是社会性与群体性。这种性质不但体现在人力资源的形成、发展与变化上，而且体现在人力资源的作用成果上。人力资源的社会性主要体现在人力资源发挥作用的过程中，它们一般都处于不同的劳动群体中，而这种群体性的特征就构成了人力资源社会性的基础。其影响因素主要有人类特定的生产方式和生存条件、社会经济条件和其他社会因素等。

2.人力资源的内涵性与无形性

从人力资源的概念中我们可以看出，人力资源的实质是完成一定的工作任务所需要的体质、智力、知识、经验和技能等，显然这些都是隐藏于人体之中的，是看不见、摸不着的东西，只有通过人的行为才能表现出来。

3. 人力资源的生活性与能动性

人力资源以人的身体为天然载体，蕴藏在生命个体之中，是一种"活"的资源，并与人的自然生理特征相联系，具有生活性。同时，正是这种生活性使人力资源具有了能动性。人力资源的开发和利用，是通过其拥有者自身的活动来完成的，具有能动性。这种能动性主要表现为人的创造性。

4. 人力资源的变化性与可控性

自然资源是相对稳定的，但人力资源却因个人、环境的变化而变化，这种变化主要表现在时间与空间上。20世纪70年代的高素质人力资源与21世纪的高素质人力资源就不能相提并论；一个单位的高素质人力资源在另外一个单位就不一定是高素质人力资源了。而且培育人力资源的社会环境的变化也会导致人力资源的变化，但这种变化相对自然资源来说是可控的。这种可控性主要通过人的能动性表现出来，具体是指人力资源不仅能够控制企业的其他资源，还能控制其自身。

（三）人力资本的概念

人力资本的明确概念是由1979年的诺贝尔经济学奖获得者西奥多·舒尔茨（Theodore Schultz）在20世纪60年代提出的。在1960年美国经济学年会上，舒尔茨以美国经济学会会长的身份发表了题为《人力资本的投资》的演讲，认为人力资本主要是指凝集在劳动者本身的知识、技能及其所表现出来的劳动能力，这种劳动能力对经济增长的贡献远比物质资本和劳动力数量重要。舒尔茨主要从经济发展特别是农业发展的角度来研究人力资本。他认为土地本身不是导致贫困的关键因素，而改善人口质量的投资，能显著改善穷人的经济前景和福利。

舒尔茨主要从宏观上分析了人力资本，而1992年诺贝尔经济学奖获得者加里·贝克尔（Gary Becker）则在人力资本理论的一般分析框架下促进了人力资本理论研究与实际应用的发展。贝克尔指出，人力资本理论可以解释很多复杂的现象，这些现象主要包括：

（1）随着年龄的增长，劳动者的收入也会同时增长，但这种增长会逐渐减慢，而且这种增长及其减慢的速度与劳动者的技能水平呈正相关；

（2）劳动者的失业风险往往与其技术水平呈负相关；

（3）年轻人比年纪大的人获得了更多的学校教育和在职培训，同时他们也更频繁地跳槽；

（4）能力强的人接受的教育和在职培训更多；

（5）典型的人力资本投资者比典型的有形资本投资者更具进取心。

关于人力资本的含义，不同的研究者从不同的角度给出了不同的说法，但最具有代表性的还是人力资本理论的开创者舒尔茨为人力资本下的定义，可归纳为：人力资本是为未来长期受益而通过投资获得的、最终表现为人的知识、技能、经验和技术熟练程度等。这种人力资本投资比物质资本投资在提高生产力方面有更高的收益，具有收益递增的特性，它是社会进步的决定性因素。根据舒尔茨的论述，可以将人力资本概括为如下五个要点：

（1）人力资本体现在人身上，表现为人的知识、技能、资历、经验和熟练程度等；

（2）从经济发展的角度看，人力资本是稀缺的；

（3）人力资本是通过对教育、健康的投资而形成的资本，从这个意义上讲，教育和健康支出是生产型的；

（4）人力资本像所有资本一样，都应当获得回报；

（5）人力资本对经济发展起着越来越大的作用。

（四）人力资本的特点

人力资本作为一种特殊的资本，除具有与其他资本相同的特点外，还有以下特点。

1.不可剥夺性

人力资本是存在于人体内的私有资本，与其所有者是天然不可分的，他人无法剥夺和占有。

2.外部性

人力资本不仅对人力资本所有者本身有影响，而且对周围的人也有影响，且这种影响有正负之分。例如，个人知识的增加带来周围人生产率的提高即为正效应，而由于个人生病缺岗影响整个组织的工作效率即为负效应。国家、企业和个人都应当有效地利用人力资本的正效应，避免负效应，从而提高人力资本运营的效率。

3.增值性

这是人力资本最特殊的性质。物质资本随着使用数量的增加，其资本存量不断下降；人力资本随着使用时间的延长，其资本存量却是不断上升的，尤其当人们注重工作经验时这一增值性更为明显。

4.专用性

随着市场经济的发展，社会专业化越来越突出，人力资本的所有者不可能学习、掌握所有的专业化知识和技能，而只能掌握特定的专业化知识和技能。社会教育和技能决定了人力资本的专用性。

5.差异性

差异性主要表现在投资收益上，相同的花费因为被投资者不同，所获得的收益便具有差异性。

6.收益递增性

人力资本和其他资本一样，能带来收益，而且这种收益呈现出递增的趋势。

（五）人力资源与人力资本的联系

人力资源和物质资源一样，是客观存在的经济资源。在市场经济条件下，进入企业的已不是传统的劳动力，而是带有浓重资本性质的人力资源，即经过资本化的人力资源。只有实现了人力资源的资本化，人们的发展观才能真正实现从以物为本向以人为本的转变。

从人力资源和人力资本的相关分析看，人力资本是人力资源投资的结果。人力资源资本化是提高人力资本存量的过程，即通过对人力资源进行管理和开发，强化人力资源的质量，提高人力资源的能动性，减少出工不出力的人力资源隐性流失现象，并实现人力资本最大化的过程。

人力资源资本化在本质上是人力资源向人力资本转化的动态过程，是将人力资源的相关投资性支出，通过一定规则转化为人力资本的过程。该过程具体表现为：人力资源在接受企业投资后，依附于劳动者身上的，并且可以最终作为获利手段使用的知识、技能、经验等，按照量变—阶段性质变—质变的逻辑顺序实现存量增值，通过与其他资本结合，进入生产过程和流通领域，最终为企业创造卓越的成绩。因此，完整的人力资源资本化运作，必须以人力资源投资为前提，并通过有效的人力资源管理将静态的、潜在的人力资源"激活"，使之成为能够直接投入生产的资本，从而形成组织的竞争优势。一般情况下，培训是将人力资源资本化的重要手段之一。企业通过培训投资，可以提高员工素质，加强企业凝聚力，改变员工的工作态度，更新员工的工作技能，改善员工的知识结构，激发员工的创造力和潜能并最终实现人力资源资本化。

（六）人力资源规划的含义

伴随着知识经济的到来，人力资源的竞争日益成为竞争的焦点。一个企业如果要维持生存和发展，就必须顺应环境的变化，拥有足够的人力资源、良好的人员结构和较强的员工竞争能力，从而就必须进行人力资源规划。

关于人力资源规划这一概念的理解和认识，众说纷纭，理论界的观点大致有以下几种：

（1）人力资源规划，有时也被称为人力资源计划。它的定义是使恰当数量的合格人员在合适的时间进入合适的工作岗位的过程。此外，还有另一种定义，即"人力资源规划是使人员的供给——内部的（现有的员工）和外部的（要雇用或在寻找的员工），在给定的时间范围内与组织预期的空缺相匹配的系统"。

（2）人力资源规划是指"企业根据战略发展目标与任务要求，科学地预测、分析自己在变化的环境中的人力资源供给和需求情况，制订必要的政策和措施，以确保企业在需要的时间和需要的岗位上获得各种需要的人才的过程"。

（3）人力资源规划是指"根据企业的发展战略、企业目标及企业内外环境的变化，科学地分析和预测未来的企业对人力资源的需求和供给状况，并据此制订和调整相应的政策和实施方案，以确保企业在恰当的时间、在不同的职位获得恰当人选的动态过程"。

（4）人力资源规划是指"在企业发展战略和经营规划的指导下进行人员的供需平衡，以满足企业在不同发展时期对人员的需求，为企业的发展提供符合质量和数量要求的人力资源保证"。简单地讲，就是对企业在某个时期内的人员供给和人员需求进行预测，并根据预测的结果采取相应的措施来平衡人力资源的供需。

（5）人力资源规划是指"使企业稳定地拥有一定质量和必要数量的

人力，为实现包括个人利益在内的整个组织的目标而拟订的一套措施，从而求得人员需求量和人员拥有量在企业未来发展过程中的相互匹配"。

通过对以上定义的理解，关于人力资源规划的概念，我们应着重把握以下要点：

（1）人力资源规划随企业环境的变化而变化，以保证人力资源与未来企业发展阶段的动态平衡。

（2）人力资源规划的核心是保持未来人力资源供给与需求的平衡，即系统化地评价人力资源供给与需求。人力资源规划是对人力资源进行调整、配置和补充的过程。

（3）人力资源规划应以企业发展战略为出发点，要求组织人力资源在数量、质量、结构上与企业生产的物质基础相适应。

（4）人力资源规划要求在完成企业目标的同时，兼顾员工福利的实现，充分激发员工的积极性和创造性，使人力资源的供给和需求达到最佳平衡，使企业和员工的价值实现最大化。

因此，所谓人力资源规划，可以界定为：人力资源规划主体在企业战略的指引下，在企业内部现有的资源和能力条件下，按照企业战略目标的要求，客观、充分、科学地分析实现企业愿景和企业目标所需要的人力资源的数量、质量、种类以及结构，同时分析企业外部和内部环境对所需人力资源的供给情况，对企业人力资源的供给与需求进行预测，并尽可能地平衡人力资源的供给与需求，引导企业的人力资源管理活动更好地与企业的整体活动相协调，保证人力资源管理目标与企业目标相一致，从而促进实现企业战略目标的过程。

人力资源规划是企业发展战略的重要组成部分，也是企业各项人力资源管理工作的起点和依据。企业的人力资源规划要和企业的整体规划，如企业发展战略、企业经营计划、企业年度计划等相互配合和支持，同时也要和人力资源管理的各项工作，如工作分析、招聘管理、培训管理、绩效管理和薪酬管理等相互协调。

（七）人力资源规划的内容

1.狭义的人力资源规划

1）人员配备计划

企业按照内外部环境的变化，采取不同的人员管理措施（如使员工在企业内部合理流动、对岗位进行再设计等）以实现企业内部人员的最佳配置。比如，当企业要求某岗位上的员工同时具备其他岗位的经验或知识时，就可以让此岗位上的员工定期、有计划地流动，以提高其知识技能，使之成为复合型人才。再比如，当人员过剩时，企业可以通过岗位再设计对企业中不同岗位的工作量进行调整，解决工作负荷不均的问题。

2）人员补充计划

人员补充计划是企业根据运行的实际情况，对企业在中、长期内可能产生的空缺职位加以弥补的计划，旨在促进人力资源数量、质量和结构的完整与改善。一般来讲，人员补充计划是和人员晋升计划相联系的，因为晋升计划会造成企业内的职位空缺，并且这种职位空缺会逐级向下移动，最后导致企业对较低层次的人员需求加大。所以，在企业进行招聘录用活动时，必须预测未来的一段时间内(比如1~2年)员工的使用情况。只有这样，企业人力资源管理部门才能制订合理的人员补充计划，保证企业在每一发展阶段都有适合的员工担任各种岗位工作。

3）人员晋升计划

人员晋升计划是企业根据企业目标、人员需要和内部人员分布状况制订的员工职务提升方案。对企业来说，要尽量使人与事达到最佳匹配，即尽量把有能力的员工配置到能够发挥其最大作用的岗位上去，这对调动员工的积极性和提高人力资源利用率是非常重要的。职务的晋升，意味着责任与权限的增大，根据赫兹伯格（Herzberg）的双因素理论，责任与权限都属于工作的激励因素，它们的增加对员工的激励作用巨大。因此，人员晋升计划的最直接作用就是激励员工。

晋升计划的内容一般由晋升条件、晋升比率、晋升时间等指标组成。企业的晋升计划是分类制订的，每一个晋升计划都可以用这些指标清楚地表示。企业在制订人员晋升计划时应该全面地衡量上述指标，慎重考虑，以免使员工感到不公平，进而对员工已有的平等竞争环境和企业的经营效益造成不良的影响。

2.广义的人力资源规划

广义的人力资源规划，按照年度编制的计划，除了上述三种人员计划之外，还包括以下四种。

1）人员培训开发计划

人员培训开发计划就是企业通过有计划地培训员工，引导员工的技能发展与企业的发展目标相适应的策略方案。人力资源是一种再生性资源，企业可以通过有计划、有步骤的分门别类的培训来开发人力资源的潜力，培养企业发展所需要的合格人才。企业人员培训的任务就是设计对现有员工的培训方案、生理与心理保健方案。

2）员工薪酬激励计划

员工薪酬激励计划一方面是为了保证企业人工成本与企业经营状况之间恰当的比例关系，另一方面是为了充分发挥薪酬的激励功能。企业通过薪酬激励计划，可以在预测企业发展的基础上，对未来的薪酬总额进行预测，并设计、制订、实施未来一段时期的激励措施，如激励方式的选择，以充分调动员工的工作积极性。

3）员工职业生涯规划

员工职业生涯规划既是员工个人的发展规划，又是企业人力资源规划的有机组成部分。企业通过员工职业生涯规划，能够把员工个人的职业发展与组织需要结合起来，从而有效地留住人才，稳定企业的员工队伍。特别是对那些具有相当发展潜力的员工，企业可以通过个人职业生涯规划的制订，激发他们的主观能动性，使其在企业中发挥更大的作用。

4）其他计划

其他计划包括劳动组织计划、员工援助计划、劳动卫生与安全生产计划等。

（八）人力资源规划的作用

1.人力资源规划的战略作用

在内外部环境变化的条件下，任何企业都会不断地寻求生存和发展的空间，人力资源的获得和运用是主要的制约因素。无论是人员需求量、供给量的确定，还是职务、人员以及任务的调整，不通过一定的规划是难以有效实现的。将人力资源规划提升到企业发展战略的高度，与其他发展策略相结合，为企业的人力资源管理提供了方向、指明了道路，可以保证从人力资源方面协助企业各部门实现各自的目标，提高企业的工作绩效。

2.人力资源规划的先导作用

人力资源规划具有前瞻性，通过对企业未来环境的预测，可以及时地为企业人员的录用、晋升、培训、调整以及用人成本的控制等，提供准确的信息和依据。人力资源规划能预先监测到企业发展对人力资源需求的动向，可以及早引导企业开展相应的人力资源工作，以免面对环境变化时措手不及。因此，人力资源规划有助于企业把握未来发展趋势，能够影响企业的人力资源决策，有助于企业帮助员工开展职业生涯规划。

3.人力资源规划的保障作用

预测人力资源供求差异并进行调整，是人力资源规划的基本职能。对一个企业来说，企业的内外环境由于种种因素总是处在不断的变动之中。外界环境的变化、企业内部人员的离职等都会造成人力资源缺口。这种缺口不可能自动修复。人力资源规划可以通过对供求差异的分析，采取适当的措施吸引和留住企业所需的人员，同时调整这种差异，保证适时满足企业对人力资源的各种需求。

4.人力资源规划的控制作用

人力资源规划一方面通过对企业现有人力资源结构的分析，预测和控制企业人员的变化，逐步调整人员结构，使之趋于合理化，促进人力资源的高效使用。另一方面企业通过有效的薪酬规划，尽可能降低用人成本。因此，在预测未来企业发展的条件下，有计划地逐步调整人员的分布状况，把用人成本控制在合理的范围内并加强人力资源规划，就显得非常重要。

5.人力资源规划的激励作用

人力资源规划有助于调动员工的积极性。通过合理的人员培训和调配规划，员工能够找到适合自己的岗位，充分发挥自己的潜能；通过晋升和薪酬规划，员工可以看到自己的发展前景，从而更有工作积极性。

6.人力资源规划的协调作用

人力资源管理是一个系统工程，而人力资源规划又是人力资源管理工作的基础之一。人力资源规划将人力资源管理的各项活动连接在一起，可以使企业的人力资源管理者在及时了解人力资源变化的基础上，协调各方面的关系，改进相应的策略，有效地利用人力资源，促进企业的发展。

案例分析

招聘

　　NLC化学有限公司是一家跨国企业，主要以研制、生产、销售医药和农药为主，耐顿公司是NLC化学有限公司在中国的子公司，主要生产、销售医疗药品。随着生产业务的扩大，为了对生产部门的人力资源进行更为有效的管理开发，2000年年初，子公司总经理把生产部门经理——于欣和人力资源部门经理——霍建华叫到办公室，商量在生产部门设立一个处理人事事务的职位，其工作主要是负责生产部与人力资源部的协调。最后，总经理表示希望通过外部招聘的方式寻找人才。

　　走出总经理办公室后，人力资源部经理霍建华开始了一系列工作。在招聘渠道的选择上，人力资源部经理霍建华设计了两个方案：一个方案是在本行业专业媒体上做专业人员招聘，费用为3500元，好处是对口的人才比例会高些，招聘成本低，不利条件是企业宣传力度小。另一个方案为在大众媒体上做招聘，费用为8500元，好处是企业影响力度很大，不利条件是非专业人才的比例很高，前期筛选工作量大，招聘成本高。人力资源部经理霍建华初步选用第一个方案。总经理看过招聘计划后，认为公司处于初期发展阶段不应放过任何一个宣传的机会，于是选择了第二个方案。

　　其招聘广告刊登的内容如下：

　　您的就业机会在NLC化学有限公司下属的耐顿公司

　　1个职位：发展迅速的新行业的生产部和人力资源主管

　　工作职责：负责生产部和人力资源部两部门的协调性工作

　　抓住机会！充满信心！

　　请把简历寄到：耐顿公司人力资源部

　　在一周的时间里，人力资源部收到了800多份简历。霍建华和人力资源部的人员在800份简历中筛出70份有效简历，经筛选后，留下5人。于是他来到生产部经理于欣的办公室，将此5人的简历交给了于欣，并让于欣直接约见面试。生产部经理于欣经过筛选后认为可从两人中做选择——李楚和王智勇。他们将所了解的两人资料对比如下：

姓名/性别/学历/年龄/工作时间/以前的工作表现/结果

李楚，男，企业管理学士学位，32岁，有8年一般人事管理及生产经验，在此之前的两份工作均有良好的表现，可录用。

王智勇，男，企业管理学士学位，32岁，有7年人事管理和生产经验，以前曾在两个单位工作过，第一位主管评价对其很好，没有第二位主管的评价资料，可录用。

从以上的资料可以看出，李楚和王智勇的基本资料相当。但值得注意的是：王智勇在招聘过程中，没有第二家公司主管的评价。公司告诉两人，一周后等待通知。在此期间，李楚在静待佳音；而王智勇打过两次电话给人力资源部经理霍建华，第一次表示感谢，第二次表示非常想得到这份工作。

生产部经理于欣在反复考虑后，来到人力资源部经理室，与霍建华商谈何人可录用，霍建华说："两位候选人看来都不错，你认为哪一位更合适呢？"于欣说："两位候选人的资格审查都合格了，唯一存在的问题是王智勇的第二家公司主管给的资料太少，虽然如此，我也看不出他有何不好的背景，你的意见呢？"

霍建华说："很好，于经理，显然你我对王智勇的面谈表现都有很好的印象，人嘛，有点圆滑，但我想我会很容易与他共事，相信在以后的工作中不会出现大的问题。"

于欣说："既然他将与你共事，当然由你做出最后的决定。"于是，公司最后决定录用王智勇。

王智勇来到公司工作了6个月，在工作期间，经观察：发现他的工作不如期望的好，指定的工作经常不能按时完成，有时甚至表现出不胜任其工作的行为，引起了管理层的抱怨，显然他不适合此职位，必须加以处理。

然而，王智勇也很委屈：来公司工作了一段时间，招聘所描述的公司环境和各方面情况与实际情况并不一样。原来谈好的薪酬待遇在进入公司后又有所减少。工作的性质和面试时所描述的也有所不同，也没有正规的工作说明书作为岗位工作的基础依据。

那么，到底是谁的问题呢？

（资料来源：道客巴巴网，2016年2月8日，有删改）

案例症结：此次招聘工作在招聘流程结束后没有对整个过程进行科学的评估，它看似完成了，但实际是"失败"的。耐顿公司总经理也许没有想过：录用王智勇失败的主要原因是企业人力资源管理和流程不足及招聘中出现的种种失误或错误。由于招聘工作不是分离于其他人力资源管理活动而独立存在的，所以它的失败同时反映出企业其他人力资源管理工作的不足。企业需要意识到：在招聘、筛选、录用的整个流程中，每一"点"的失误都可能会给今后企业人力资源管理工作带来一个"面"的损失。企业如何在"招兵买马"中做好伯乐的角色值得深思。

▌课后思考实践

1.人力资源规划的内容有哪些？谈谈你对它们的认识。

2.如果你是伯乐，怎样发现自己的千里马？

三、绩效考核管理

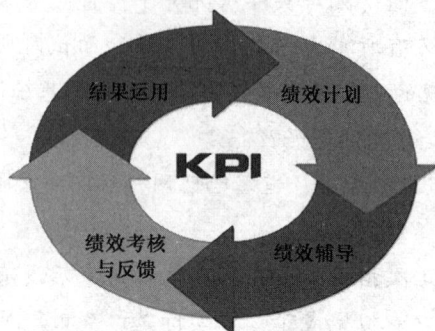

（图片来源：千库网）

（一）绩效考核概述

绩效考核是人力资源管理的核心职能之一，是指考核者运用科学的方法、标准和程序，对行为主体与评定任务有关的绩效信息（业绩、成就和实际作为等）进行观察、收集、组织、贮存、提取、整合，并尽可能做出准确评价的过程。

（二）绩效考核模式

常用的绩效考核模式有以下几种：

1.关键绩效指标（Key Performance Indicator，KPI）考核

KPI考核是通过对工作绩效特征的分析，提炼出的最能代表绩效的若干关键指标体系，并以此为基础进行绩效考核的模式。KPI必须是衡量企业战略实施效果的关键指标，其目的是建立一种机制，将企业战略转化为企业的内部过程和活动，以不断增强企业的核心竞争力和持续地获得高效益。

KPI考核的一个重要的假设就是一句管理名言："你不能度量它，就不能管理它。"所以，KPI一定要抓住那些能有效量化的指标或者将之有效量化。而且，在实践中，可以"要什么，考什么"，应抓住那些亟须改进的指标，提高绩效考核的灵活性。KPI一定要抓住关键而不能片面与空泛。当然，KPI的关键并不是越少越好，而是应抓住绩效特征的根本。

2.目标管理法（Management By Objective，MBO）

作为一种成熟的绩效考核模式，始于管理大师彼得·德鲁克的目标

管理模式迄今已有几十年的历史，如今也广泛应用于各个行业。为了保证目标管理的成功，目标管理应做到：确立目标的程序必须准确、严格，以达成目标管理项目的成功推行和完成；目标管理应该与预算计划、绩效考核、工资、人力资源计划和发展系统结合起来；要弄清绩效与报酬的关系，找出这种关系之间的动力因素；要把明确的管理方式和程序与频繁的反馈相联系；绩效考核的效果大小取决于上层管理者在这方面努力的程度，以及他对下层管理者在人际关系和沟通中的技巧水平；之后的目标管理计划准备工作是在当前的目标管理计划实施的末期之前完成的，年度的绩效考核作为最后参数输入预算之中。

3.平衡记分卡（The Balance Score-Card，BSC）

平衡记分卡是从财务、顾客、内部业务过程、学习与成长四个方面来衡量绩效。平衡记分法一方面考核企业的产出（上期的结果），另一方面考核企业未来成长的潜力（下期的预测）；再从顾客角度和内部业务角度两方面考核企业的运营状况参数，充分把企业的长期战略与企业的短期行动联系起来，把远景目标转化为一套系统的绩效考核指标。

4.360度反馈（360°Feedback）

360度反馈也称全视角反馈，是被考核人的上级、同级、下级和服务的客户等对其进行评价，通过评论知晓各方面的意见，清楚自己的长处和短处，以达到提高自己的目的。

5.主管述职评价

主管述职评价是由岗位人员做述职报告，把自己的工作完成情况和知识、技能等反映在报告内的一种考核方法，主要针对企业中高层管理岗位的考核。述职报告可以在总结本企业、本部门工作的基础上进行，但重点是报告本人履行岗位职责的情况，即该管理岗位在管理本企业、本部门完成各项任务中的个人行为，本岗位所发挥作用状况。

不同绩效考核模式的特征：KPI模式强调抓住企业运营中能够有效量化的指标，提高了绩效考核的可操作性与客观性；MBO模式将企业目标通过层层分解下达到部门以及个人，强化了企业的监控与可执行性；BSC模式是从企业战略出发，不仅考核当前的情况，还考核将来，不仅考核结果，还考核过程，适应了企业战略与长远发展的要求，但不适合对初创公司的衡量；360度反馈有利于克服单一评价的局限，但主要用于能力开发；主管述职评价仅适用于对中高层主管的评价。

每一种绩效考核模式都反映了一种具体的管理思想和原理，都具有一定的科学性和合理性，同时，不同的模式又都有自己的局限性与适用范围。

（三）绩效考核存在的误区

(图片来源：千库网)

绩效考核存在的误区主要包括以下几方面：

1.传统消极文化和意识观念影响考核系统的运作

中华传统文化博大精深，其中一些不适应现代社会发展的方面，必然反映到考核系统中。比较典型的，如求同心理、官本位思想、人情、关系网等。求同心理反映到考核中，就是你好、我好、大家好，而拉不开差距；官本位思想反映到考核中，多表现为强调政治素养且长官意识十分严重；人情和关系网反映到考核中，则是关系好或网中人考核结果就较好，反之则较差。

2.没有进行职位分析

在我国企业中，职位分析还未受到普遍重视，岗位职责模糊。这种局面：一是失去了判断一个岗位工作完成与否的依据，从而岗位目标难以确定，导致难以进行科学考核；二是各岗位忙闲不均，存在同一职级的不同岗位之间工作量大小、难易程度差别较大的情况。其结果是，在其他表现差不多、工作任务也都完成的情况下，往往工作量大、工作难度高的岗位上的员工没有被评为优秀。

3.考核结果全部由最高管理者审定

企业的每层上级都有权修改员工的考核评语。尽管各层领导由于所站的角度不同，可能会产生意见分歧，但是，官大说了算，最终以最高管理者的评定为准。这样，一方面，被考核者的直接上级感到自己没有实权而丧失了责任感，另一方面，员工也会认为直接上级没有权威而不服从领导，走"上层路线"，使企业内的正常指挥秩序遭到破坏。此外，考核结果的最终裁决权掌握在最高管理者手中，很多情况下，考核结果最终会送到最高管理者那里去审批。其结果是，员工把对考核结果可能存在的不满转嫁到最高管理者身上，现实中员工对企业管理者的不满大多就是这样产生的。

4.采用单一的、省时省力的综合标准

采用单一的、省时省力的综合标准，不仅模糊性大而且执行偏差也大。其结果是，评先进变成评"人缘"，选拔干部变成搞平衡，存在着轮流坐庄现象。同时，综合标准有千篇一律的倾向，无论是高级管理者还是初、中级员工，往往都用一个标准去评价，没有顾及人才有能级差异的客观现实。

5.将考核等同于考察

考核与考察，一字之差，但内涵却相去甚远，二者的差异主要体现在手段、内容表述和结果表现形式上。在手段上，考察一般采用谈话、了解情况的方式，任前考察是最主要的手段，其他如年度考察、专项考察等一般不受重视，要提拔才考察、不提拔则不考察已经成为无形的惯例。在内容表述上，考察空洞，优点一大堆，缺点轻描淡写、一笔带过、不触及实质问题，对成绩的取得往往缺乏真正科学的评价，常常是一个成绩大家用、一顶帽子大家戴。在结果方面，体现为考察报告泛泛而谈，达标即止。

6.黑箱作业，缺乏反馈

原有的人事考核主观色彩极浓，缺乏可以随时公开的客观资料，或者由于主管不愿与员工面对面地检讨，往往是将考核表格填完之后，就直接送到人事部门归档。这样，员工不知道自己业绩的好坏，不仅成为滋生"干多干少一个样"思想的温床，也无从提高绩效。绩效考核也就没有起到其应有的激励作用。

7.没有就考核结果与员工面谈

考核面谈可以有效地检讨员工的工作绩效，使员工有机会提出提高工作绩效的办法，主管也得以借此修正员工的工作责任、目标及绩效指标，并且可以进一步了解员工是否需要接受更多的训练和辅导。此外，考核面谈还能发展出一种主管与员工的共同联系渠道。

8.没有让考核结果充分发挥效用

在某些企业中，由于平均主义思想残余还十分严重，因此考核结果的使用力度不大，缺乏吸引力。或者，由于配套机制的缺乏，诸如岗位目标责任制、能上能下制度、奖惩制度等尚不完善，因此在实践中对考核结果的使用即使"有心"也奈何"无力"。

（四）建立绩效考核体系

（图片来源：千库网）

1.选取考核内容的原则

考核内容主要是以岗位工作职责为基础来确定的，但要注意遵循以下三个原则。

1）与企业文化和管理理念相一致

考核内容实际上就是对员工工作行为、态度、业绩等方面的要求和目标，它是员工行为的导向。考核内容是企业组织文化和管理理念的具体化和形象化，在考核内容中必须明确：企业鼓励什么、反对什么，给员工以正确的指引。

2）考核内容要有侧重

考核内容要有侧重，不可能包括该岗位的所有工作内容，为了提高考核效率，降低考核成本，并且让员工清楚工作的关键点，考核内容应该选择岗位工作的主要内容，而不需要面面俱到。这些主要内容实际上已经占据员工80%的工作精力和时间。另外，对难以考核的内容也要谨慎处理，认真分析它的可操作性和它在岗位整体工作中的作用。

3）不考核无关内容

绩效考核是对员工的工作考核，对不影响工作的其他任何事情都不要进行考核。比如说员工的生活习惯、行为举止、个人癖好等内容都不宜作为考核内容出现，如果这些内容妨碍到工作，其结果自然会影响相关工作的考核成绩。

2.对考核内容进行分类

为了使绩效考核更具有可靠性和可操作性，应该在对岗位的工作内容进行分析的基础上，根据企业的管理特点和实际情况，对考核内容进行分类。比如将考核内容划分为"重要任务"考核、"日常工作"考核和"工作态度"考核三个方面。

1）"重要任务"考核

"重要任务"是指在考核期内被考核人的关键工作，往往列举1~3项最关键的即可，如对开发人员可以是考核期的开发任务，销售人员可以是考核期的销售业绩。"重要任务"考核具有目标管理考核的性质。对没有关键工作的员工（如清洁工），则注意不进行"重要任务"考核。

2）"日常工作"考核

"日常工作"的考核条款一般以岗位职责的内容为准，如果岗位职责内容过杂，可以仅选取重要项目考核。"日常工作"考核具有考核工作过程的性质。

3）"工作态度"考核

"工作态度"考核可选取对工作能够产生影响的个人态度，如协作精神、工作热情、礼貌程度等等，对不同岗位的考核有不同的侧重。比如，"工作热情"是行政人员的一个重要指标，而"工作细致"可能更适合财务人员。另外，要注意一些纯粹的个人生活习惯等与工作无关的内容不要列入"工作态度"的考核内容。不同分类的考核内容，其具体的考核方法也应不同。

3.编写考核题目及制订考核制度

1）编写考核题目

在编写考核题目时，要注意以下几个问题：首先，题目内容要客观明确，语句要通顺流畅、简单明了，不会产生歧义；其次，每个题目都要有准确的定位，题目与题目之间不要有交叉内容，同时也不应该有遗漏；最后，题目数量不宜过多。

2）制订考核尺度

考核尺度一般使用五类标准：极差、较差、一般、良好、优秀，也可以使用分数，如0~10分，10分是最高分。对不同的项目根据重要性的不同，需使用不同的分数区间；使用五类标准考核时，在计算总成绩时也要使用不同的权重。

为了提高考核的可靠性，考核尺度应该尽可能细化，如果只做成"优秀""良好""一般""较差""很差"等比较抽象，考核人容易主观判断产生误差，我们将每个尺度都进行细化，情况往往会好得多。

（五）绩效考核方法

常见的绩效考核方法主要有等级评估法、目标考核法、序列比较法、相对比较法、小组评价法、重要事件法、评语法、强制比例法、情景模拟法、泛化的项目管理法、综合法等，具体叙述如下：

1.等级评估法

等级评估法是绩效考核中常用的一种方法。根据工作分析，将被考核岗位的工作内容划分为相互独立的几个模块，在每个模块中用明确的语言描述完成该模块工作需要达到的工作标准。同时，将标准分为几个等级选项，如"优、良、合格、不合格"等，考核人根据被考核人的实际工作表现，对每个模块的完成情况进行评估。总成绩便为该员工的考核成绩。

2.目标考核法

目标考核法是根据被考核人完成工作目标的情况来进行考核的一种绩效考核方式。在开始工作之前，考核人和被考核人应该对需要完成的工作内容、时间期限、考核的标准达成一致。在时间期限结束时，考核人根据被考核人的工作状况及原先制订的考核标准来进行考核。目标考核法适合于企业中实行目标管理的项目。

3.序列比较法

序列比较法是对相同职务员工进行考核的一种方法。在考核之前，首先要确定考核的模块，但是不确定要达到的工作标准。将相同职务的所有员工在同一考核模块中进行比较，根据他们的工作状况排列顺序，工作较好的排名在前，工作较差的排名在后。最后，将每位员工几个模块的排序数字相加，就是该员工的考核结果。总数越小，绩效考核成绩越好。

　　4.相对比较法

　　与序列比较法相仿，它也是对相同职务员工进行考核的一种方法。所不同的是，相对比较法是对员工进行两两比较，任何两位员工都要进行一次比较。两名员工比较之后，工作较好的员工记"1"，工作较差的员工记"0"。所有员工相互比较完毕后，将每个人的成绩进行相加，总数越大，绩效考核的成绩越好。与序列比较法相比，相对比较法每次比较的员工不宜过多，5~10名即可。

　　5.小组评价法

　　小组评价法是指由两名以上熟悉该员工工作的经理，组成评价小组进行绩效考核的方法。小组评价法的优点是操作简单，省时省力，缺点是容易使评价标准模糊，主观性强。为了提高小组评价的可靠性，在进行小组评价之前，应该向员工公布考核的内容、依据和标准。在评价结束后，要向员工讲明评价的结果。在使用小组评价法时，最好和员工个人评价结合进行。当小组评价和个人评价结果差距较大时，为了防止考核偏差，评价小组成员应该首先了解员工的具体工作表现和工作业绩，然后做出评价决定。

　　6.重要事件法

　　考核人在平时注意收集被考核人的"重要事件"，这里的"重要事件"是指被考核人的优秀表现和不良表现，对这些表现要形成书面记录，对普通的工作行为则不必进行记录。根据这些书面记录进行整理和分析，最终形成考核结果。该考核方法一般不单独使用。

　　7.评语法

　　评语法是指由考核人撰写一段评语来对被考核人进行评价的一种方法。评语的内容包括被考核人的工作业绩、工作表现、优缺点和需努力的方向。评语法在我国应用得非常广泛。由于该考核方法主观性强，最好不要单独使用。

　　8.强制比例法

　　强制比例法可以有效地避免由于考核人的个人因素而产生的考核误

差。根据正态分布原理，优秀的员工和不合格的员工的比例应该基本相同，大部分员工应该属于工作表现一般的员工。所以，在考核分布中，可以强制规定优秀人员的人数和不合格人员的人数。比如，优秀员工和不合格员工的比例均占20%，其余60%属于普通员工。强制比例法适合相同职务员工较多的情况。

9.情景模拟法

情景模拟法是一种模拟工作考核方法。它要求员工在评价小组人员面前完成类似于实际工作中可能遇到的活动，评价小组根据完成的情况对被考核人的工作能力进行考核。它是一种针对工作潜力的一种考核方法。

10.泛化的项目管理法

采用泛化的项目管理理念，也是轻量级的项目管理方式，因此企业管理中的各项事务都可以创建为项目，可以将部门内的工作按项目去管理，也可以将突发事件创建为一个新项目，项目成员可以打破部门的限制自由组合。这样管理者能够很自由地利用现有的资源，去有序地应对突发事件，快速地解决企业的问题，保障企业能够良好地运作。

11.综合法

顾名思义，综合法就是将各类绩效考核的方法进行综合运用，以提高绩效考核结果的客观性和可信度。在实际工作中，很少有企业使用单一考核方法来实施绩效考核工作。

（六）考核流程

（图片来源：千库网）

人力资源部负责编制考核实施方案，设计考核工具，拟订考核计划，对各级考核人进行培训，并提出处理考核结果的应对措施，供考核委员会决策。

各级主管组织员工撰写述职报告并进行自评。

所有员工对本人在考核期间的工作业绩及行为表现（工作态度、工作能力）进行总结，核心是对照企业对自己的职责和目标要求进行自我评价。

部门主管根据被考核人日常工作目标完成程度、管理日志记录、考勤记录、统计资料、个人述职等，在对被考核人各方面表现充分了解的基础上，负责进行客观、公正的考核评价，并指出对被考核人的期望或工作建议，交部门上级主管审核。

如果一个员工有双重直接主管，由其主要业务直接主管负责协调另一业务直接主管对其进行考核。

各级主管负责抽查间接下属的考核过程和结果。

主管负责与下属进行绩效反馈面谈。当直接主管和员工就绩效考核初步结果谈话结束后，员工可以保留自己的意见，但必须在考核表上签字。员工若对自己的考核结果有疑问，有权向上级主管或考核委员会反映或申诉。

对派出外地工作的员工，绩效反馈面谈由该员工所在地的直接主管代为进行。

人力资源部负责收集、汇总所有考核结果，编制考核结果一览表，报公司考核委员会审核。

考核委员会听取各部门的分别汇报，对重点结果进行讨论和平衡，纠正考核中的偏差，确定最后的评价结果。

人力资源部负责整理最终考核结果，进行结果兑现，分类建立员工绩效考核档案。

各部门主管就绩效考核的最终结果与下属面谈沟通，对被考核人的工作表现达成一致意见，肯定被考核人的优点，同时指出其有待改进的问题和方向，双方共同制订可行的绩效改进计划和个人发展计划，从而提高个人和组织的绩效。

人力资源部对本次绩效考核成效进行总结分析，并对以后的绩效考核提出改进意见和新的方案，制订新的人力资源发展计划。

绩效考核是一门科学，需要不断引入新的理念、方法和艺术。只有不断用科学发展观及时完善考核机制，才能使管理由经验、粗放向科学、精细转变，从而提高管理水平，以适应企业发展的要求。

首先，应准确把握绩效考核的度。绩效考核机制往往体现为一定的量化标准，为了提高考核的可靠性，考核的内容应尽可能细化。但是如果将每个尺度进行细化，一味将考核指标量化，有时又会陷入不利的境界。因此，考核机制要注重实际，坚持定量与定性相结合，做到有的放矢。

其次，明确员工在考核体系中的参与界限。具体是在制订考核制度过程中让全体员工充分了解和听取建议，在执行过程中需要全体员工遵守以及民主监督，在考核过程中应让员工知道考核标准、考核内容、考核形式，让更多的员工对考核产生信任感，赢得员工对考核工作的理解和支持。考核后应将考核结果及时反馈给员工，让其认识到工作上的优势和不足，明确努力方向，提高整体工作水平。

再次，明确考核机构的合理分工。专职考核机构只应负责考核的制订和执行及监督和评估。专职考核机构只有从中组织、协调，才可以确保合理调配各方资源，尽可能避免考核机制的混乱和矛盾。

最后，明确考核与激励之间的关系。科学的考核激励机制应是多元化的有机组合，而不仅限于物质鼓励。应善于运用手中现有资源，最大限度地增加员工的工作动力，调动其工作积极性，开发动力增长点。如企业应完善精神奖励、福利以及培训、外出学习等各种鼓励措施。

（七）绩效评估的注意事项

（图片来源：千库网）

1.注意评估方法的适用性

运用绩效评估不是赶时髦，而是要运用科学的方法来检查和评定企业员工对职位所规定职责的履行程度，以确定其工作成绩，从而加强企业的人力资源管理，提高企业竞争力。当前，一些企业在进行绩效评估时，盲目运用所谓新兴的绩效评估方法，结果导致评估失灵。平衡记分卡、360度反馈等绩效评估方法固然有其先进性，但对你的企业来说也许并不一定适用。如果一知半解，盲目引入，有时未获其利，可能反受其害。任何绩效评估方法都不是十全十美的。没有最好的绩效评价工具，只有最适合你的企业的工具。简单实用或复杂科学，严厉或宽松，非正式的考核方式或系统性的考核方式，不同规模、不同文化、不同阶段的企业要选用不同的方式。因此，因地制宜，顺势而为，选择适合自家企业的绩效评估方法方为明智之举。

2.注意评估员工的表现力

员工在企业的表现力主要体现在三方面：一是工作业绩。这是最为重要的，例如，销售人员业务成交次数及给公司带来的营业收入、作业人员的错误率等都应作为绩效评估的指标。在进行这类数字考核时，要注意理解这些数字所代表的真正意义，切不可迷信数字。例如，客服人员接听电话的次数，并不代表他的工作绩效，替顾客解决问题的比例及服务品质才是关键。二是员工在工作团队中的投入程度。可请员工为自己的工作团队打分，以了解团队中每名成员在扮演主管、部属、同事时是否尽到应尽的责任。三是员工对顾客的贡献程度。可请顾客评估员工的表现，即使没有代表企业对外接触的员工其实一样有顾客，如为企业的另一个部门服务，另一个部门的员工就是这些员工的顾客。

3.注意评估标准的合理性

绩效评估标准是对员工绩效的数量和质量进行监测的准则。企业在进行绩效评估时，要充分考虑标准的合理性，这种合理性主要体现在五个方面：一是考核标准要全面。要保证重要的评价指标没有遗漏，企业制订的各种考核标准要相互补充，扬长避短，共同构成一个完整的考核体系。二是标准之间要协调。各种不同标准之间在相关质的规定性方面要衔接一致，不能相互冲突。三是关键标准要连贯。特别是关键绩效指标KPI应有一定的连贯性，否则不仅不利于考核工作的开展，而且可能导致员工奋斗目标混乱。四是标准应尽可能量化，不能量化的要细化。只有科学合理的量度方法，才能让员工相信绩效评估的公正性和可行性。

倘若绩效量度的内容过于笼统，量度的方法不明确，员工完全有理由认为考核结果是由考核者主观臆断而做出的判定，无任何客观标准和实际意义，只不过是形式上"走过场"，从而产生不满和抵抗情绪。五是要根据团体工作目标而非个人来制订考核标准，同时针对不同层次员工和不同年龄员工的特点来制订考核标准，使标准具有针对性。

4.注意提高员工的满意度

绩效评估是一把"双刃剑"，正确的绩效评估，能激起员工努力工作的积极性，可以激活整个组织。但如果做法不当，可能会产生负面结果。绩效评估要体现公正、合理、公开，才能起到激励作用。企业在进行绩效评估时应尽力使绩效评估制度完善，尽量令员工满意。但是，员工对绩效评估或奖罚仍有可能产生不满，当员工的不满得不到纾解，就有可能产生不理想的工作态度和行为。企业的管理者在绩效评估过程中应尽力地去了解、发现员工对评估的不满，进而寻找员工不满的原因，制订措施解决不满。因此，企业应设立正式的绩效考核怨诉程序，若员工对部门考核结果不满可以上诉至企业的考核小组，为员工设置畅通的申诉渠道。这样不但使员工可以通过正式的途径表达不满，并知道能将自己的不满上达管理层，同时可使管理人员积极面对工作，不做回避，以积极的态度解决问题，从而使员工的不满逐渐降低，逐步培养起员工对企业的向心力，使员工的个人目标与企业的整体目标协调统一。同时企业应创造条件让员工有更出色的表现，把员工当作企业的合作者而不是打工者，把绩效评估同员工的职业生涯规划、企业的培训计划有机地结合起来，而不仅局限于员工的薪资、奖金、任免。

5.注意评估过程的完整性

完整的绩效评估过程包括事前沟通，制订考核标准，实施考核，考核结果的分析、评定，反馈、控制五个阶段。而我们的人力资源主管们通常忽视了最前面和最后面的两个重要过程。尽管人力资源部把绩效评估系统和政策设计得比较完美，但如果事前没有和部门主管进行有效的沟通，得不到很好的理解和认同，结果肯定是白费劲。要知道绩效评估的主要执行人是各部门直接主管，而不是人力资源部。绩效评估的结果是必须让员工知道的，这就是绩效评估的反馈。如果企业做了绩效评估，却不让员工知道评估的结果，而只作为内部掌握，这种做法就发挥不了绩效评估的应有作用，从而使绩效评估工作前功尽弃。此外，绩效评估的效果能否充分发挥，也取决于相关的跟进措施。这主要体现在：平时的目标跟进和绩效辅导是否及时？评估后能否给予相应的奖惩或改进？能否不顾情面明确指出下属的不足？是否建立了员工投诉渠道？评估结果能否有效地运用到培训中去？如果这些措施不完备，绩效评估的效果就无法保证。

案例分析

（图片来源：千库网）

唐僧师徒的故事

唐僧团队是一个知名的团队，经常在讲课的时候被作为典范来讲，但是这个团队的绩效管理似乎做得并不好。我们来看一下他们的绩效管理的故事。

话说，唐僧团队乘坐飞机去旅游，途中，飞机出现故障，需要跳伞，不巧的是，四个人只有三把降落伞，为了做到公平，师傅唐僧对各个徒弟进行了考核，考核过关就可以得到一把降落伞，考核失败，就自由落体，自己跳下去。

于是，师傅问孙悟空："悟空，天上有几个太阳？"悟空不假思索地答道："一个。"师傅说："好，答对了，给你一把伞。"接着又问沙僧："天上有几个月亮？"沙僧答道："一个。"师傅说："好，也对了，给你一把伞。"八戒一看，心里暗喜："啊哈，这么简单，我也行。"于是，摩拳擦掌，等待师傅出题，师傅的题目出来，八戒却跳下去了，大家知道为什么吗？师傅提的问题是："天上有多少星星？"八戒当时就傻掉了，直接就跳下去了。这是第一次旅游。

过了些日子，师徒四人又乘坐飞机旅游，途中飞机又出现了故障，同样只有三把降落伞，师傅如法炮制，再次出题考大家。师傅先问悟空："中华人民共和国哪一年成立的？"悟空答道："1949年10月1日。"师傅说："好，给你一把。"又问沙僧："中国的人口有多少亿？"沙僧说："约14亿。"师傅说："好的，答对了。"沙僧也得到了一把降落伞，轮到八戒，师傅的问题是，"14亿人口的名字分别叫什么？"八戒当时就晕倒了，又一次以自由落体结束旅行。

（资料来源：豆丁网，2016年8月22日，有删改）

案例启示：这个故事说明绩效考核指标值要设定在员工的能力范围之内，员工跳一跳可以够得着，如果员工一直跳，却永远也够不着，那么员工的信心就丧失了，考核指标也就失去了本来的意义。很多企业在设定考核指标的时候，喜欢用高指标值强压员工，这个设计的假设是如果指标值设定得不够高的话，员工就没有足够的动力，另外，用一个很高的指标值考核员工，即便员工没有完成100%，而只是完成了80%，也已经远远超出了企业的期望。这种逻辑是强盗逻辑，表现出了管理者的无能和无助，只知道用高指标值强压员工，殊不知，指标背后的行动计划才是真正帮助员工达成目标的手段，而不是指标值本身。其实，设定一个员工经过努力可以达到的指标值，然后，帮助员工制订达成目标的行动计划，并帮助员工去实现，才是经理的价值所在，经理做到了这一点，才实现了帮助员工成长的目标，才真正体现了经理的价值。

▍课后思考实践

1. 绩效考核对企业、公司、团体的影响有哪些？请列举。
2. 如何灵活运用绩效考核激发员工的工作积极性？

四、薪酬管理

（图片来源：千库网）

（一）薪酬管理的含义

薪酬管理是指为了实现组织的目标，激发员工的工作热情，通过对薪酬水平和结构进行管理，将员工的薪酬与组织目标有效结合起来的一系列管理活动。管理者要做好薪酬管理工作，就必须深入分析影响薪酬管理的各项因素，掌握薪酬管理的一般原理和技术方法，适时地、动态地对薪酬结构进行调整。

薪酬管理是人力资源管理的一个重要组成部分，它与企业其他部门的各种经营、管理活动密切配合，为组织愿景和目标的实现发挥了巨大的激励作用。薪酬管理在人力资源管理中的重要地位表现在以下几方面：

1.薪酬管理与职位设计

二者的关系非常密切。管理者要根据职位设计和岗位分析的结果来进行薪酬设计。职级设计得过窄或过宽必然导致薪酬等级设计的不合理。

2.薪酬管理与员工招聘

企业的薪酬管理制度会传递企业的经济实力、业绩水平、价值导向等信息，可以为应聘者提供必要的信息支持。另外，合理的薪酬制度可以减轻员工招聘的工作量，如针对高级管理人员和技术人员的高薪酬可以迅速吸引大批合格的求职者，减少招聘宣传工作，从而降低招聘成本。

3.薪酬管理与培训开发

薪酬具有激励的功能，合理的薪酬管理会营造一种积极向上的氛围，员工会主动要求参加培训，进行再学习，不断提高自身的技能和素质，从而增强整个组织的竞争力。

4. 薪酬管理与绩效管理

可变薪酬作为薪酬的重要组成部分，其确定的依据就是员工的绩效考核结果。合理的薪酬制度会与绩效管理形成相辅相成的协调关系，提高员工的工作热情，进而提高整个组织的工作绩效。

（二）薪酬管理的基本内容

（图片来源：千库网）

薪酬管理是否有效取决于管理者在管理过程中的一系列重要设计和选择，这些重要的设计和选择就组成了薪酬管理的整个过程。

薪酬管理的基本内容包括薪酬水平管理、薪酬结构管理、薪酬体系管理、薪酬关系管理、薪酬形式管理以及薪酬政策和薪酬制度管理。

1. 薪酬水平管理

薪酬水平是指企业各职位、各部门以及整个行业的平均薪酬水平，它决定着企业薪酬的外部竞争力。因此，企业薪酬水平的高低会对员工的吸引和保留产生很大的影响。

2. 薪酬结构管理

薪酬结构是指整体薪酬由哪些部分构成，各个构成部分又以什么样的比例结合在一起。比如，薪酬分为基本薪酬、可变薪酬和间接薪酬，它们各自又由不同的小模块构成。不同的企业，其基本薪酬和可变薪酬所占的比例不同，员工所感受到的激励性和风险性也不同。

3. 薪酬体系管理

薪酬体系的设计，即确定员工的基本薪酬以什么为基础。目前，国际通行的薪酬体系主要有以下两种：

（1）职位（岗位）薪酬体系。这种薪酬体系是以员工所从事工作的相对价值为基础来确定员工的基本薪酬水平。

（2）技能（能力）薪酬体系。这种薪酬体系是以员工自身掌握的技能水平或具备的胜任能力为基础来确定员工的基本薪酬水平。

4.薪酬关系管理

薪酬关系涉及企业的内部一致性问题。薪酬关系是指企业内部不同岗位或职位的薪酬水平所形成的相互比较关系，反映了企业对职位重要性和职位价值的看法。在企业总体薪酬不变的情况下，员工很看重企业内部的薪酬关系，薪酬关系合理与否会影响员工的流动率和工作热情。

5.薪酬形式管理

薪酬形式是指计量劳动和支付薪酬的方式。薪酬的不同组成部分有其特定的计量劳动和支付薪酬的方式。基本薪酬多以计时、计件方式来计量劳动，支付的金额相对固定；可变薪酬多以绩效来衡量员工的劳动，按照基本薪酬的一定比率支付；间接薪酬只与员工是否是本企业员工有关，通常不以货币形式支付。

6.薪酬政策和薪酬制度管理

薪酬政策是企业管理者针对薪酬管理的目标，在实施薪酬管理的过程中对任务和手段的选择和组合，是企业针对员工薪酬所采取的方针政策。基于特定的企业战略目标和人力资源战略目标，企业需要适时地在方针政策方面进行选择和组合。薪酬制度是对既定薪酬政策加以具体化、操作化的规范性文件。

（三）薪酬管理的作用

薪酬管理在企业人力资源管理中的职能决定了它的重要作用。以下将从社会、企业、员工三个不同的角度来分析薪酬管理的作用。

1.对社会而言，薪酬管理的作用

对社会而言，薪酬管理的作用主要有两点：

1）薪酬管理决定着人力资源的合理配置和使用

资源可以分为物质资源、财力资源和人力资源三大类。其中，具有能动作用的人力资源的配置和使用至关重要。如何使人力资源得到最充分的利用，发挥出它的最大效能，成为现代企业管理的一个核心问题。在市场经济条件下，薪酬作为实现人力资源合理配置的基本手段，在人力资源合理配置和使用中起着非常重要的作用。薪酬管理就是运用了薪酬这一重要参数来制订各项政策，通过人力资源的流动和市场竞争，在供求平衡中形成一定的薪酬水平和薪酬级差，以此引导人力资源向合理的方向流动。这样，企业的人力资源在岗位调换的过程中不仅实现了薪酬最大化，还达到了人岗匹配的最佳状态，从而有利于企业目标的实现。

2）薪酬管理直接关系到社会的稳定

薪酬是社会成员消费资料的主要来源。从经济学的角度来看，薪酬一旦支付就意味着劳动者退出生产领域，进入消费领域。具有消费性的薪酬，既要维持员工的日常生活，又要确保实现价值的再生产。薪酬制订得过低，无法维持劳动者的基本生活水平，会使其生活受到危害；薪酬制订得过高，就会增加成本，造成物价上涨，降低产品在国际市场上的竞争力。当薪酬的增长速度超过劳动生产率的增长速度时，还会产生严重的成本推动型通货膨胀，造成一时的虚假繁荣，引发"泡沫经济"，破坏经济结构。过高的薪酬标准还会导致劳动力需求紧缩，导致大面积失业，失业队伍的扩大会造成社会不稳定。因此，合理进行薪酬管理，既可以保证劳动者实现价值再创造，又在一定程度上抑制了成本推动型通货膨胀的发生，从而能够促进社会和谐、持续地发展。

2.对企业而言，薪酬管理的作用

对企业而言，薪酬管理具有以下重要作用：

1）创造企业价值

现代企业的竞争在很大程度上是高素质人力资源的竞争，企业的薪酬越具有吸引力，招募到的高素质人力资源的数量就会越多，质量就会越好，企业就会创造更大的价值。

2）协调配置资源

企业的管理者可以利用薪酬杠杆调节员工与员工、员工与企业的关系，引导员工向着实现企业战略的方向努力，达到有效整合企业内部资源的目的。

3）提高劳动效率

薪酬管理是一种很强的激励手段，薪酬中的可变部分与员工的绩效直接挂钩，有效的薪酬管理可以调动员工的积极性，提高员工工作的数量和质量。

4）控制经营成本

对企业而言，薪酬始终是一种经营成本，薪酬过高，会增加企业的成本，使企业产品丧失竞争力；薪酬过低，又会使企业在人力资源市场上失去竞争力，招不到高素质人才。因此，企业在薪酬管理过程中，要注意成本和收益的平衡，这样才能使企业稳定地发展下去。

5）塑造企业文化

薪酬管理会对员工的工作行为、工作态度甚至价值观产生很强的导向作用。科学和富有激励性的薪酬管理能帮助企业营造良好的企业文化氛围，或者对已经存在的好的企业文化起到正强化作用。随着人力资源管理的发展，近年来很多企业已经开始以薪酬制度的变革来带动企业的文化变革。

6）推动企业变革

随着全球经济一体化进程的进一步加快，许多企业为了能更适应市场，更好地满足顾客的各种需求，都在重新设计战略、再造流程、重组结构、变革文化、建设团队。然而这一切的变化都离不开薪酬管理的推动，薪酬管理可以引导企业员工以最快的速度适应新的企业氛围和企业文化，接受新的企业价值观和行为，并且能激励员工实现新的绩效目标，最终有效推动企业的整体变革。

3.对员工而言，薪酬管理的作用

对员工而言，薪酬管理具有以下作用：

1）经济保障作用

薪酬作为员工收入的主要来源，对员工的工作和生活具有维持和保障作用，这是其他任何收入都无法替代的。员工付出体力和脑力劳动后，必须得到足够的补偿，才可以实现连续的再生产。员工薪酬水平的高低会对其家庭的生活水平和生活方式产生直接的影响。

2）内心激励作用

薪酬除了能满足员工的基本生活需求之外，也是成功、地位、自我价值实现的象征。不同的薪酬水平反映了员工的社会地位及工作能力，高薪酬会对员工产生较强的激励作用，使员工产生更大的满足感、荣誉感，从而激发员工的工作热情。

（四）薪酬制度基本类型

企业的薪酬制度大致可以分为基于员工的薪酬制度、基于工作的薪酬制度、基于绩效的薪酬制度和基于能力的薪酬制度四种类型。

1.基于员工的薪酬制度

这种薪酬制度是以单个劳动者为单位，根据劳动者的潜在劳动或劳动者本身所具有的能力来决定每个劳动者的工资标准。基于员工的薪酬制度一般包括年功序列制、技术等级工资制等。

年功序列制是基于员工的薪酬制度的典型代表，它主张工龄越长，薪酬就越高。该模式的理论设计依据是员工的工龄越长，熟练程度越高，对企业的贡献就越大。总体来讲，年功序列制的薪酬主要由工龄、学历等因素决定，薪酬与劳动的数量和质量是一种间接的关系。在年功序列制下，薪酬起点较低，等级之间的级差较大，薪酬机械地随工龄的增长而定期增加。

（图片来源：千库网）

技术等级工资制属于能力工资的一种形式，是按照员工所达到的技能等级来确定工资等级，并按照确定的工资等级标准来支付薪酬的制度。员工获得薪酬或加薪的主要依据是与工作相关的技能，而不是其承担的具体工作或职位的价值。这种薪酬制度更适合技能等级比较容易界定的操作人员、技术人员等。

2.基于工作的薪酬制度

这种薪酬制度根据工作岗位的相对价值和重要性来确定工资等级，薪酬主要由岗位责任、劳动强度、工作环境等因素决定。基于工作的薪酬制度主要有岗位薪酬制和职务薪酬制两种形式。

在岗位薪酬制下，管理者首先应对岗位本身的价值做出客观评价，然后根据岗位评估结果确定其薪酬等级。岗位对应的薪酬等级与担任岗位职责的员工无关，只与岗位本身有关，对岗不对人，其薪酬构成以岗位薪酬为主要组成部分。在实际操作中，岗位薪酬制度有多种形式，如岗位等级薪酬制、岗位薪点薪酬制、岗位效益薪酬制等。

职务薪酬制是按照员工所担任的职务来确定其薪酬水平，不同职务有不同的薪酬标准，同一职务内又可划分为若干等级，对每个员工都在其特定职务范围内评定薪酬。这种薪酬制度适用于高级管理人员或专业技术人员。其不足之处在于员工只能在规定的职务范围内升职，一旦调离，就只能领取新的职务薪酬，与原有的薪酬水平和员工的资历无关。

3.基于绩效的薪酬制度

这种制度主要以员工的绩效考核结果为依据来确定员工的薪酬，一般采用底薪加提成的方式，主要有计件工资制和佣金制等形式。绩效薪酬部分按照考核方法的不同，可以分为成就薪酬、个人激励薪酬、群体激励薪酬、公司激励薪酬、特色绩效薪酬等形式。

4.基于能力的薪酬制度

在人力资源管理中，能力是一种胜任力和胜任素质，它指员工所具备的能够使自己达到某种特定绩效标准的能力或所表现出的有利于绩效提升的行为。基于能力的薪酬制度主要有技能薪酬制、职能薪酬制、能力资格制三种形式。

技能薪酬制就是按照员工所达到的技术能力来确定薪酬标准的制度，适用于技能等级比较容易界定的操作人员、技术人员等。职能薪酬制是根据员工履行职务能力的差别来确定薪酬标准的制度。能力资格制是以员工所拥有的技术资格、智力、资历等来确定薪酬标准的制度，适用于生产设备技术含量很高，对员工基本素质要求很高的高新技术产业。

（五）薪酬制度建设的基本原则及基本模式

1.薪酬制度建设的基本原则

企业的薪酬制度需要按照科学、合理的程序进行设计，合理的薪酬制度是薪酬公平的保证。企业的薪酬制度应该体现出与企业发展战略的高度一致性，最终促进企业战略目标的实现。

企业在进行薪酬制度建设时，所要遵循的基本原则与薪酬管理体系设计的基本原则大致相同，包括公平原则、竞争原则、激励原则、经济原则、多方参与原则以及战略支持原则。

此外，企业在进行薪酬设计时，还要注意以下几点：

（1）薪酬制度要以明确一致的原则为指导，要有助于实现企业战略目标。企业应制订统一的、可说明的薪酬制度规范。

（2）薪酬制度的建立要遵循多方参与原则，充分体现民主性、参与性。

（3）管理者要为员工创造机会均等、公平竞争的条件，增强员工的工作积极性。

2.薪酬制度建设的基本模式

如何设计一套科学合理的薪酬制度？一套科学合理的薪酬制度有哪些基本模式？对此，不同的企业有不同的做法。企业可以根据自身的规模、财力、人力，选择适合自身的薪酬制度模式。以下简单介绍一些常用的薪酬制度建设模式。

1）基于支付依据的薪酬制度建设模式

该模式的基本程序如下：①通过岗位评价确定内部支付依据，通过薪酬调查确定外部支付依据；②确定薪酬等级以及相邻等级之间的级差；③将薪酬制度化；④实施与反馈。

2）基于企业战略的薪酬制度建设模式

该模式的基本程序如下：①充分了解企业的发展战略，并找出相关薪酬因素；②通过岗位评价和薪酬调查来确定与企业战略相对应的支付依据；③确定薪酬等级以及相邻等级之间的级差；④将薪酬制度化；⑤实施与反馈。

3）基于市场的薪酬制度建设模式

该模式的基本程序如下：①通过岗位评估确定岗位价值顺序；②通过薪酬调查来确定市场工资率；③由①、②确定企业的收入政策曲线，该曲线受市场工资率和企业薪酬战略的影响；④确定薪酬等级以及相邻等级之间的级差；⑤将薪酬制度化；⑥实施与反馈。

薪酬制度建设模式还有很多种，企业要充分了解自身的薪酬管理目标，选择适宜的薪酬制度建设模式，建立科学合理的薪酬制度。

（六）薪酬制度的实施及反馈

（图片来源：千库网）

1.薪酬制度的实施

薪酬制度在实施过程中要保证公开、公正、公平，让员工充分感受到同工同酬，以提高员工满意度。要确保薪酬制度的公平性，需要注意以下两个方面：一是坚持多方参与原则，让员工参与薪酬制度的制订。这样在薪酬制度的实施阶段就会减少很多阻力。二是在支付薪酬时，企业应该向员工提供薪酬清单，让员工充分了解薪酬的构成，了解哪些行为是企业提倡的，哪些行为是要受到处罚的。这样做能促使员工将以后工作的重心向企业所期望的方向倾斜。

薪酬制度在正式实施前，一般都有一段试行期。采用试行的方式可以避免一定的风险，通过试行，人力资源部门既可以及时发现可能出现的错误，在全面实施之前进行修订和调整，也可以测试运行的成本。试行的时间要合理：时间过长会增加试行的成本，并推迟薪酬制度全面推行的时间；时间过短又达不到纠错的目的，还会增加制度正式实施的风险。

薪酬制度在全面实施的过程中要兼顾强制性与灵活性。所谓强制性是指薪酬制度已经确定，所有成员都必须统一遵守，未经允许，任何人不得擅自更改制度的内容和形式，企业要以多方的协调一致来保证企业整体战略目标的实现。所谓灵活性是指在薪酬制度实施的过程中，一旦企业的发展战略、内外部环境、竞争对手的威胁等发生变化，人力资源管理部门要尽快与有关部门进行商讨，根据实际情况对薪酬制度进行必要的调整。

薪酬制度的实施主要包括以下几个步骤：

（1）落实薪酬制度实施的组织和人员。企业在实施薪酬制度之前要挑选有关人员组成专门的实施团队，负责整个实施过程的推进和统筹，同时负责与高层管理者、人力资源部、财务部等相关部门进行沟通，及时反馈有关信息。

（2）资金保障。任何一个制度的推行，都需要一定的物资和资金作为基础。在薪酬制度的实施过程中，薪酬项目专家组可以提前申请一部分必要的经费和补贴。

（3）宣传工作。在薪酬制度实施前和实施过程中，向员工宣传是一项必不可少的程序。通过宣传，人力资源管理者可让员工充分了解薪酬制度的合理性，争取获得赞同和支持，减少实施过程中的摩擦和阻力。

（4）实施过程的监控。在薪酬制度的实施过程中，薪酬项目专家和薪酬制度的制订者要对薪酬制度的实施过程进行全程监控，以便及时纠正偏差和解决问题。

2.薪酬制度的反馈

薪酬制度实施后，企业还要进行薪酬制度反馈信息的处理工作，主要是通过对反馈信息的整理和分析，充分了解薪酬制度的实施效果，及时发现一些疏漏和问题，并进行调整和修正。

一般而言，反馈信息主要分为外部反馈信息和内部反馈信息两种。外部反馈信息主要包括社会舆论反响、相关主管部门的反应等。外部反馈信息的收集和处理工作有两个重点：一是关注业内或竞争对手对新制度实行的看法；二是测试新制度是否违反国家的相关规定。内部反馈信息包括普通员工的反馈信息和高层管理人员的反馈信息。普通员工的反馈信息主要包括员工对新制度是否感到公平，员工的满意度是否有所提高等信息。企业应当建立畅通的信息反馈系统，全面听取员工的各种意见和建议，以达到完善薪酬制度的目的。高层管理人员的反馈信息主要集中在成本控制和是否提高了工作效率两个方面，如企业的薪酬水平是否兼具经济性和竞争性，员工的工作热情是否高涨，企业的生产效率是否得到提高以及对员工的激励措施是否有效等。

案例分析

　　XX公司是广州市高新技术企业，公司员工虽不是很多却发展迅速，其主打产品LED高科技显示屏逐步占领了国内外大型商场、广场、超市、车站等市场，取得了良好的经济效益和社会效益。然而，随着企业进一步发展，一些深层次的问题也开始显现出来，制约了公司的快速发展。如人员知识结构问题、薪资问题、企业文化问题、执行文化问题等。为了推动公司快速发展，去年上半年，公司高薪聘请了一位具有大型外企管理经验和实操能力的王先生任公司CEO。王总来了之后，就大刀阔斧地烧了三把火。第一把火是推动资材流程改造。第二把火是推行一套全新的公司制度，将他以前服务过的公司的规章制度全部拷贝过来，作为范本发给各相关部门，经过各部门的修订、培训，接着推动、执行。第三把火是调整公司的薪资制度。

　　王总在来公司的第二个月开始策划调整薪资，他先找来财务经理要来了员工工资表，然后进行测算，并对工资结构进行调整，使其更加合法，同时设计了一套薪资方案。

　　在薪资调整前，他没有向各部门经理、主管征求意见，了解每个员工的工作表现和技术水准，就直接按一定比例进行了"普调"。人力资源部门和每位员工面谈并签订"工资协议书"的时候，由于措施得当顺利地完成了协议书的签订。

　　然而，几天之后，此次工资调整的不良影响就立即显现出来。先是几个部门经理来总办咨询，他们手下几个平时表现很好的员工，为什么工资反而比几个表现一般的工资还少？王总只好解释说此次是普调，以前底薪低，调整后也低。几个经理说，这几个表现好的员工尽管入职时间不是很长，但综合水平比那几个老员工要好很多，本来想通过这次调薪把员工薪资的差距缩小一些，没想到反而更大了，且表现好的增幅反而少。

　　接着，又有几个主管来反映情况，说同样都是主管职级，为什么有的主管的工资要比我们高1000~2000元，如果因为某项工作技含量高适当高几百元也能接受，但一下子差距很大，一些主管表示难以接受。

事情到了这里，还远没有结束，一场员工"地震"又马上开始了。接连几天，王总不断地收到许多主管、经理、业务骨干的辞职报告，他们说目前同行业、同职位的工资已达到一个较高的月薪水平，你还让我们拿几年前的工资，此次调薪几乎没有增加一分钱，我们不干了。

王总来带着雄心壮志到该公司，然而"调薪门"事件给了他当头一棒，也让他十分苦恼，他不明白为什么给员工加工资还加出这么多事情?他百思不得其解，公司每年增加近200万元工资成本，却造成员工矛盾重重、干部纷纷离职?

情急之下，他就辩白说，员工姓名对我只是一个符号，公司里也没有我一个亲戚、熟人，我是绝不会徇私情的。

其实王总真的没有徇私情，也的确想通过调薪达到增强公司凝聚力、战斗力的目的，但他毕竟不是专业HR人员，由于没有专业知识作支撑，他的雄心壮志和美好愿望不可能结出他所希望的果实。

其实任何一家公司在调薪的时候，都要考虑薪酬的内部和外部均衡。内部均衡就是内部员工之间的工资要和他们的贡献成正比，外部均衡就是要和同行业达成一致，或者略高于行业平均水平，这样的薪酬水平才能起到稳定干部、留住员工的作用。

王总在制订调薪方案时，既没有考虑外部同行业间的均衡，也没有考虑公司内部每个员工的具体能力和表现，出现这种矛盾和反弹也就不难理解了。

另外，王总在制订调薪方案时还忽略了一个事实，他只是按照底薪按比例进行调整，那么就会产生一个结果，底薪高的工资会越来越高，低的工资会越来越低，工资差距会越来越大。普调工资的一般方法是将同一职级的底薪求出平均值，以此为标准进行调整，这样同职级的差距就会逐渐缩小。当然，对有特殊贡献者，连升几级也没有问题，只要与他的付出和贡献相符就可以了。

另外，王总制订调薪方案时，只是片面地考虑"合法"，一线员工和部分技术岗位增加较多，而一些主要管理人员几乎没有调整，许多主管、经理离职也就不难理解了。

王总作为公司CEO资格不可谓不老，经验不可谓不丰富，但由此而产生的教训却令人深思。做好一家企业，不仅需要创业的激情，更需要冷静的思考，对自己不擅长的领域可以群策群力，试想王总在设计员工薪酬的时候征求一下各级主管的意见，或者倾听一下HR的建议，而不是自己一手炮制，可能效果会好很多。

（资料来源：点跃网，2018年8月22日，有删改）

课堂活动

形式：让同学们以击鼓传花的形式分别讲出自己渴望的具体工作以及薪酬。

内容：请同学们谈谈企业激励有哪些方式？分别会对员工带来哪些影响？以及薪酬管理的方式？

目的：让同学们对自己的职业生涯有一个良好的规划，以便更好地适应社会。

课后思考实践

1.谈谈员工激励有哪些方式？请列举几点。

2.如何设计一套科学合理的薪酬制度？

第二节　企业风险管理概述

一、企业风险的概述

（图片来源：千库网）

（一）风险的起源

"风险"一词的由来，最为普遍的一种说法是，在远古时期，以打鱼捕捞为生的渔民们，每次出海前都要祈祷，祈求神灵保佑自己能够平安归来，其中主要的祈祷内容就是让神灵保佑在出海时能够风平浪静、自己能满载而归。他们在长期的捕捞实践中，深深地体会到"风"给他们带来的无法预测、无法确定的危险。他们认识到，在出海打鱼捕捞的过程中，"风"即意味着"险"，因此有了"风险"一词。

"风险"的核心含义是"未来结果的不确定性或损失"，也有人进一步将其定义为"个人和群体在未来遇到伤害的可能性以及对这种可能性的判断与认知"。如果采取适当的措施使破坏或损失的概率不会出现，或者说智慧的认知、理性的判断，继而采取及时有效的防范措施，那么风险可能带来机会，由此进一步延伸的意义，不仅规避了风险，还可能带来比例不等的收益，有时风险越大，回报越高，机会越大。

（二）风险的定义

风险是指在某一特定环境下，在某一特定时间段内，某种损失发生的可能性。风险是由风险因素、风险事故和损失等要素组成的。

风险有两种定义：一种定义强调了风险表现为收益或代价的不确定

性；而另一种定义则强调风险表现为损失的不确定性。若风险表现为收益或代价的不确定性，说明风险产生的结果可能带来损失、获利或是无损失也无获利，属于广义风险，金融风险属于此类。而风险表现为损失的不确定性，说明风险只能表现出损失，没有从风险中获利的可能性，属于狭义风险。

二、企业风险构成因素

风险是由风险因素、风险事故和损失三者构成的统一体。三者的关系为：三者是一个统一体；风险因素引起或增加风险事故；风险事故发生可能造成损失。

（一）风险因素

风险因素是指促使某一特定风险事故发生或增加其发生的可能性或扩大其损失程度的原因或条件。例如：对建筑物而言，风险因素是指其所使用的建筑材料的质量、建筑结构的稳定性等；对人而言，则是指健康状况和年龄等。根据性质不同，风险因素可分为有形风险因素与无形风险因素两种类型。

1.有形风险因素

有形风险因素也称实质风险因素，是指某一标的本身所具有的足以引起风险事故发生或增加损失机会或加重损失程度的因素。如一个人的身体状况，某一建筑物所处的地理位置、所用的建筑材料的性质等，地壳的异常变化，恶劣的气候，疾病传染等都属于实质风险因素。对这类风险因素，人类有的可以在一定程度上加以控制，有的在一定时期内还是无能为力。在保险实务中，由实质风险因素引起的损失风险，大都属于保险责任范围。

2.无形风险因素

无形风险因素是与人的心理或行为有关的风险因素，通常包括道德风险因素和心理风险因素。其中，道德风险因素是指与人的品德修养有关的无形因素，即由于人们不诚实、不正直或有不轨企图，故意促使风险事故发生，而引起财产损失和人身伤亡的因素。如投保人或被保险人的欺诈、纵火行为等都属于道德风险因素。在保险实务中，保险人对因投保人或被保险人的道德风险因素所引起的经济损失，不承担赔偿或给付责任。心理风险因素是与人的心理状态有关的无形因素，即由于人们疏忽或过失以及主观上不注意、不关心、心存侥幸，以致增加风险事故发生的机会和加大损失的严重性的因素。例如，企业或个人投保财产保险后就产生了放松对财务安全管理的思想，产生物品乱堆放、吸烟后随意抛弃烟蒂等心理或行为，都属于心理风险因素。由于道德风险因素与心理风险因素均与人密切相关，因此，这两类风险因素合称为人为风险因素。

（二）风险事故

风险事故（也称风险事件）是指造成人身伤害或财产损失的偶发事件，是造成损失的直接的或外在的原因，是损失的媒介物，即风险只有通过风险事故的发生才能导致损失。

就某一事件来说，如果它是造成损失的直接原因，那么它就是风险事故；而在其他条件下，如果它是造成损失的间接原因，那么它便成为风险因素。

例如：①下冰雹路滑发生车祸，造成人员伤亡，这时冰雹是风险因素。②冰雹直接击伤行人，它是风险事故。

（三）损失

在风险管理中，损失是指非故意的、非预期的、非计划的经济价值的减少。

通常我们将损失分为两种形态，即直接损失和间接损失。直接损失是指风险事故导致的财产本身的损失和人身伤害，这类损失又称为实质损失；间接损失则是指由直接损失引起的其他损失，包括额外费用损失、收入损失和责任损失。在风险管理中，通常将损失分为四类：实质损失、额外费用损失、收入损失和责任损失。

案例分析

合俊集团

创办于1996年的合俊集团，是国内规模较为大型的OEM型玩具生产商。在世界五大玩具品牌中，合俊集团已是其中三个品牌——

美泰、孩子宝以及Spinmaster的制造商，并于2006年9月成功在香港联交所上市，到2007年的时候，其销售额就超过9.5亿港元。然而进入2008年之后，合俊的境况急剧下降。在2008年10月，这家在玩具界举足轻重的大型公司的工厂没能躲过这次全球性金融海啸，成为中国企业实体受金融危机影响出现倒闭的第一案。目前，合俊已经关闭了其在广东的生产厂，涉及员工超过7000人。

全球金融危机爆发后，整个玩具行业的上下游供应链进入恶性循环，再加上2008年生产成本的持续上涨，塑料成本上升20%，最低工资上调12%及人民币升值7%等大环境的影响，导致合俊集团的资金链断裂。

表面上看起来，合俊集团是被金融风暴吹倒的，但是只要关注一下最近两年合俊集团的发展动态就会发现，金融危机只是压倒合俊集团的最后一根稻草。

实际上，首先合俊集团本身的商业模式就存在着巨大的风险。作为一个贴牌生产企业，合俊并没有自己的专利技术，因此在生产中也没有重视生产研发的投入，主要靠的是欧美的订单。美国的次贷危机发展成金融危机后，首先受到影响的肯定是这些靠出口美国市场过活的贴牌企业。

比较有意思的是，同在东莞，规模也和合俊一样的6000人左右的玩具企业龙昌公司却在这场风暴中走得很从容，甚至他们的销售订单已经排到了2009年。比较一下两家玩具企业的商业模式就能发现，龙昌公司拥有自主品牌，他们在市场上拼的是品质和科技，并且具有300多项专利，每年研发投入达3000多万元，有300多人的科研队伍。而且龙昌主要走高端路线，如生产能表演包括太极拳等200多套动作的机器人，生产包含3个专利、能进行二次组合的电子狗等，其销售市场也并不依赖国外，而是集中在国内。

其次是合俊集团对自然灾害的风险评估、应对不足。2008年6月，合俊集团在东莞樟木头镇的厂房遭受水灾，存货因而遭受损失。

水灾导致物料报废及业务中断，集团耗费近一个月时间方恢复正常生产。此次水灾亦严重影响该集团原材料供应的稳定性及现金流量规划，从而影响集团的营运效率。因水灾造成的存货受损约达6750万港元。

再次是合俊集团内部管理失控导致成本上升。合俊集团旗下已倒闭的俊领玩具厂的一位员工称，管理混乱才是合俊倒闭的真正原因，而美国的金融危机只是让这一天提前到来。该员工反映，其所在部门只是一个普通的生产部门，却设有一个香港经理，一个大陆经理，一个主任，一个经理助理，一个高级工程师，一个工程师，一个组长，还有就是三个工人，一共10人。该部门是一个五金部门，但合俊主要是生产塑胶、毛绒以及充气玩具的。于是上述员工是这样描述他们的工作的："我们三个工人扫扫地、擦擦机器，完了就吹牛睡觉，组长就玩手机，我们睡觉他也帮忙站岗，主任就天天在办公室上网。两个工程师陪着经理天天出差，有时一个星期看不到人，经理助理就负责收发邮件和安排经理出差，香港经理干什么我们就不知道了。其他的部门除了比我们部门人多以外，情况都差不多，都是当官的人很多，管事的没有。工人做事是十个人做的事没有十五个人他们不干，一天能干完的事拖也要拖到明天。"

除此之外，合俊集团的物料管理也很松散，公司物品经常被盗，原料被当作废品卖。而且生产上也没有质量监控，返工甚至报废的情况经常发生。"一批货不返个几次工是出不了货的，有一批货来回返了不下十次。厂里的QC（质量控制）除了吃饭、睡觉、拿工资就没有看到他们干过什么。"上述员工说。

最后是合俊集团对自身的负债能力预计过高，导致债务风险巨大。截至2008年6月底，合俊集团总资产8.35亿元，总负债5.32亿元，其中流动负债5.3亿元，净负债比率71.8%。

（资料来源：豆丁网，2014年4月19日，有删改）

┃ 课堂活动

> **题目：**"圆桌会议"
>
> **形式：**小组讨论
>
> **内容：**假如每个小组成员打算合伙成立一个公司，请针对自己的企业所处行业及企业自身情况分析可能存在的风险并运用相关方法对存在的风险进行识别。

┃ 课后思考实践

1.请举例说明什么是有形风险因素和无形风险因素。

2.不同行业的风险因素主要是什么？

三、企业风险管理

（图片来源：千库网）

（一）风险管理概述

1.风险管理的定义

风险管理是指风险管理单位通过风险识别、风险衡量、风险评估和风险决策管理等方式，对风险实施有效控制和妥善处理损失的过程。风险管理作为一门新兴学科，具有管理学的计划、组织、协调、指挥、控制等职能，又具有自身的独特功能。

2.风险管理的目标

风险管理的目标由两个部分组成：损失发生前的风险管理目标和损失发生后的风险管理目标。前者的目标是避免或减少风险事故形成的机会，包括节约经营成本、减少忧虑心理；后者的目标是努力使损失恢复到损失前的状态，包括维持企业的继续生存、生产服务的持续、稳定的收入、生产的持续增长、社会责任。二者有效结合，构成完整而系统的风险管理目标。

（二）风险管理的内容

风险管理的内容包括风险识别、风险衡量和风险管理方法三个方面。

1.风险识别的含义

风险识别是指在风险事故发生之前，人们运用各种方法系统地、连续地认识所面临的各种风险以及分析风险事故发生的潜在原因。风险识别过程包含感知风险和分析风险两个环节。

（1）感知风险，即了解客观存在的各种风险，是风险识别的基础。只有通过感知风险，才能进一步在此基础上进行分析，寻找导致风险事故发生的条件因素，为拟订风险处理方案、进行风险管理决策服务。

（2）分析风险，即分析引起风险事故的各种因素，它是风险识别的关键。

2.风险识别的内容

（1）环境风险。它是指由于外部环境意外变化打乱了企业预期的生产经营计划，而产生的经济风险。引发环境风险的主要因素：国家宏观经济政策变化，使企业受到意外的风险损失；企业的生产经营活动与外部环境的要求相违背而受到的制裁风险；社会文化、道德风俗习惯的改变使企业的生产经营活动受阻而导致企业经营困难。

（2）市场风险。它是指市场结构发生意外变化，使企业无法按既定策略完成经营目标而带来的经济风险。引发市场风险的主要因素：企业对市场需求预测失误，不能准确地把握消费者偏好的变化；竞争格局出现新的变化，如新竞争者进入所引发的企业风险；市场供求关系发生变化。

（3）技术风险。它是指企业在技术创新过程中，由于遇到技术、商业或市场等因素的意外变化而导致的创新失败风险。引发技术风险的主要因素：技术工艺发生根本性的改进；出现了新的替代技术或产品；技术无法有效地商业化。

（4）生产风险。它是指企业生产无法按预定成本完成生产计划而产生的风险。引发生产风险的主要因素：生产过程发生意外中断；生产计划失误，造成生产过程紊乱。

（5）财务风险。它是指由于企业收支状况发生意外变动给企业财务造成困难而引发的企业风险。

（6）人事风险。它是指涉及企业人事管理方面的风险。

（三）风险识别的方法

风险识别的主要方法有以下五种：

1.生产流程分析法

生产流程分析法又称流程图法。生产流程又叫工艺流程或加工流程，是指在生产工艺中，从原料投入到成品产出，通过一定的设备按顺序连续地进行加工的过程。该种方法强调根据不同的流程，对每一阶段和环节，逐个进行调查分析，找出风险存在的原因。

2.风险专家调查列举法

由风险管理人员对该企业、单位可能面临的风险逐一列出，并根据不同的标准进行分类。专家所涉及的面应尽可能广泛些，有一定的代表性。一般的分类标准为直接或间接、财务或非财务、政治性或经济性等。

3.财务状况分析法

财务状况分析法即按照企业的资产负债表及损益表、财产目录等财务资料，风险管理人员经过实际的调查研究，对企业财务状况进行分析，发现其潜在的风险。

4.分解分析法

分解分析法是指将一复杂的事物分解为多个比较简单的事物，将大系统分解为具体的组成要素，从中分析可能存在的风险及潜在损失的威胁。

5.失误树分析法

失误树分析方法是以图解表示的方法来调查损失发生前种种失误事件的情况，或对各种引发事故的原因进行分解分析，具体判断哪些失误最可能导致损失风险发生。

（四）风险衡量

风险衡量也称风险估测，是在识别风险的基础上对风险进行定量分析和描述，即在对过去损失资料分析的基础上，运用概率和数理统计的方法对风险事故的发生概率和风险事故发生后可能造成的损失的严重程度进行定量的分析和预测。

风险衡量所要解决的两个问题是损失概率和损失严重程度，其最终目的是为风险决策提供信息。风险衡量所提供的主要信息有：

（1）每一种风险所引发的致损事故的发生概率和损失分布。

（2）几种风险对同一单位所致损失的概率和损失分布。

（3）单一风险单位的损失幅度，并在此基础上，进一步估测整个风险单位发生致损事故的概率和总损失分布，以及某一时期内的总损失金额。

（4）所有风险单位损失的期望值和标准差。

（五）创业风险的防范策略

1. 管理风险的防范之法

提高管理者的素质，改变管理和决策方式可有效应对创业企业的管理风险，具体可以采取下列措施防范：努力提高核心创业成员的素质，树立诚信意识和市场经济观念；实行民主决策与集权管理相统一，合理分配企业的执行权力，明确决策目标，完善决策机制，减少决策失误。

2. 技术风险的防范之法

创业者可以依靠自身能力降低技术风险的发生概率。具体可以采取下列措施防范：加强对技术创新方案的可行性论证，减少技术开发与技术选择的盲目性，建立技术信息预警系统；通过组建技术联合开发体系或建立创新联盟等方式分散风险；提高创业企业技术系统的活力，降低技术风险发生的可能性；重视专利申请、技术标准申请等保护性措施，合理运用法律手段。

3. 财务风险的防范之法

筹资困难和财务结构不合理是很多创业企业明显的财务特征和财务风险的主要来源。具体可采用下列措施防范：创业者要对创业所需资金进行合理估计；学会建立和经营创业者自身与企业的信用，提高获得资金的概率；创业企业要学会在长远发展和眼前利益之间进行权衡，设置合理的财务结构，从恰当的渠道获得资金；管好创业企业的现金流，避免现金流带来的财务拮据甚至破产清算。

4.市场风险的防范之法

建立市场监测及策略调整机制。在企业运营过程中，定期重复市场分析过程，保持对关键市场信息的敏感度，结合产品适销推广阶段，调整先期制订的市场营销策略机制。与强者联合，规避市场风险。借助行业中优势企业的力量，借"船"下"海"。

（六）风险管理的方法

1.头脑风暴法

头脑风暴法是指刺激并鼓励一群知识渊博、知悉风险情况的人员畅所欲言，开展集体讨论的方法。头脑风暴法适用于充分发挥专家意见，在风险识别阶段进行定性分析。

（图片来源：千库网）

1）头脑风暴法的实施步骤

（1）会前准备：参与人、主持人落实要讨论识别的风险主题。

（2）风险主题展开探讨：由主持人公布会议主题并介绍与风险主题相关的情况；突破思维惯性，大胆进行联想；主持人控制好时间，力争在有限的时间内获得尽可能多的创意性设想。

（3）风险主题探讨意见分类与整理。

2）头脑风暴法的主要优点

（1）激发了想象力，有助于发现新的风险和全新的解决方案。

（2）让主要的利益相关者参与其中，有助于进行全面沟通。

（3）速度较快并易于开展。

3）头脑风暴法的局限性

（1）参与者可能缺乏必要的技术及知识，无法提出有效的建议。

（2）由于头脑风暴法相对松散，因此较难保证过程的全面性。

（3）可能会出现特殊的小组状况，导致某些有重要观点的人保持沉默而其他人成为讨论的主角。

（4）实施成本较高，要求参与者有较高的素质，这些因素是否满足会影响头脑风暴法实施的效果。

2.德尔菲法

1）德尔菲法的定义

德尔菲法又称专家规定程序调查法。该方法主要是由调查者拟订调查表，按照既定程序，以函件的方式分别向专家组成员进行征询；而专家组成员又以匿名的方式（函件）提交意见。经过几次反复征询和反馈，专家组成员的意见逐渐趋于集中，最后获得具有很高准确率的集体判断结果。

德尔菲法的适用条件：缺乏足够的资料；做长远规划或大趋势预测；影响预测事件的因素太多；主观因素对预测事件的影响较大。

2）德尔菲法的特点

德尔菲法是一种利用函询形式进行的集体匿名思想交流的方法。它有三个明显区别于其他专家预测方法的特点，即匿名性、反馈性、统计性。

（1）匿名性。因为采用这种方法时所有专家组成员不直接见面，只是通过函件交流，这样就可以消除权威的影响。匿名性是该方法的主要特征。匿名性是德尔菲法极其重要的特点，从事预测的专家彼此互不知道有哪些人参加预测，他们是在完全匿名的情况下交流思想的。后来改进的德尔菲法允许专家开会进行专题讨论。

（2）反馈性。该方法需要经过3~4轮的信息反馈，在每次反馈中调查组和专家组都可以进行深入研究，使得最终结果基本能够反映专家的基本想法和对信息的认识，所以结果较为客观、可信。小组成员的交流是通过回答组织者的问题来实现的，一般要经过若干轮反馈才能完成预测。

（3）统计性。最典型的小组预测结果是反映多数人的观点，少数派的观点最多概括地提及一下，但是这并没有表示出小组的不同意见的状况。而统计回答却不是这样，它报告1个中位数和2个四分点，其中一半落在2个四分点之内，一半落在2个四分点之外。这样，每种观点都包括在这样的统计中，避免了专家会议法只反映多数人观点的缺点。

3）德尔菲法的实施步骤

德尔菲法的实施步骤如图7-1所示。

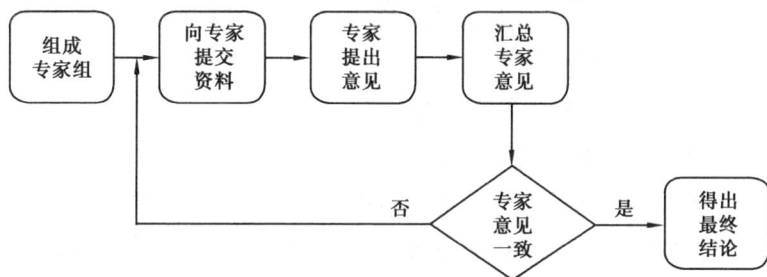

图7-1　德尔菲法的实施步骤

第一，组成专家组。按照课题所需要的知识范围，确定专家。专家人数的多少，可根据预测课题的大小和涉及面的宽窄而定，一般不超过20人。

第二，向专家提交资料，是指向所有专家提出所要预测的问题及有关要求，并附上有关这个问题的所有背景材料，同时请专家提出还需要什么材料。然后，由专家做书面答复。

第三，专家提出意见，是指各位专家根据他们所收到的材料，提出自己的预测意见，并说明自己是怎样利用这些材料并提出预测值的。

第四，汇总专家意见，是指将各位专家第一次判断意见汇总，列成图表，进行对比，再分发给各位专家，让专家比较自己同他人的不同意见，修改自己的意见和判断。也可以把各位专家的意见加以整理，或请身份更高的其他专家加以评论，然后把这些意见再分送给各位专家，以便他们参考后修改自己的意见。

第五，将所有专家的修改意见收集起来汇总，再次分发给各位专家，以便做第二次修改。逐轮收集意见并为专家反馈信息是德尔菲法的主要环节。收集意见和信息反馈一般要经过三四轮。在向专家进行反馈的时候，只给出各种意见，但并不说明发表各种意见的专家的具体姓名。这一过程重复进行，直到每一个专家不再改变自己的意见为止。

第六，对专家的意见进行综合处理，得出最终结论。

4）德尔菲法的优点

德尔菲法的优点：能充分发挥各位专家的作用，集思广益，准确性高；能把各位专家意见的分歧点表达出来，取各家之长，避各家之短。

5）德尔菲法的缺点

德尔菲法的缺点：权威人士的意见影响他人的意见；某些专家碍于情面，不愿意发表与其他人不同的意见；某些专家出于自尊心而不愿意修改自己原来不全面的意见。

3.失效模式影响和危害度分析法

1）失效模式影响和危害度分析法的定义

失效模式影响和危害度分析法是用来分析、审查系统的潜在故障模式。该方法按规定的规则记录系统中所有可能存在的影响因素，分析每种因素对系统的工作及状态的影响，将每种影响因素按其影响的严重度及发生概率排序，从而发现系统中潜在的薄弱环节，提出可能采取的预防改进措施，以消除或减少风险发生的可能性，保证系统的可靠性。

2）失效模式影响和危害度分析法的适用范围

失效模式影响和危害度分析法适用于对失效模式、影响及危害进行定性或定量分析，还可以为其他风险识别方法提供数据支持。

3）失效模式影响和危害度分析法的实施步骤

失效模式影响和危害度分析法的实施步骤如图7-2所示。

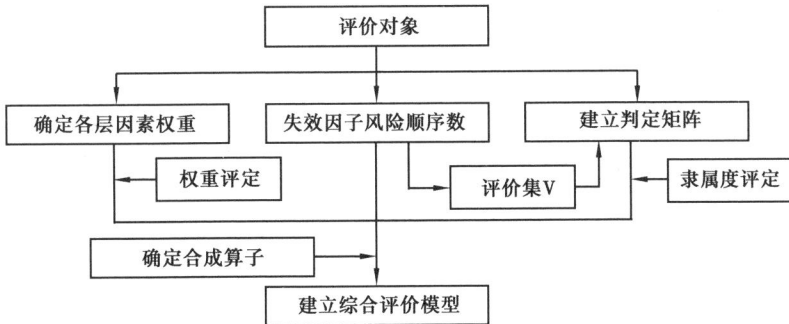

图7-2　失效模式影响和危害度分析法的实施步骤

第一，将系统分成组件或步骤，并确认各部分出现明显故障的方式，造成这些失效模式的具体机制，故障可能产生的影响。

第二，根据故障结果的严重性，对识别出的失效模式进行分类并确定风险等级。

第三，识别风险优先级，这是一种半定量的危害度测量方法，其将故障后果、可能性和发现问题的能力进行等级赋值(通常为1~10)并相乘来获得危险度。

第四，失效模式影响和危害度分析法将获得一份故障模式、失效机制及其对各组件、系统或过程步骤影响的清单，该清单将包含系统失效的可能性、失效模式导致的风险程度等结果，如果使用合适的故障率资料和定量后果，失效模式影响和危害度分析法可以输出定量结果。

4）失效模式影响和危害度分析法的主要优点

失效模式影响和危害度分析法的主要优点：广泛适用于人力、设备和系统失效模式，以及硬件、软件和程序；识别组件失效模式及其原因和对系统的影响，同时用可读性较强的形式表现出来；通过在设计初期发现问题，从而避免了开支较大的设备改造；识别单点失效模式以及对冗余或安全系统的需要。

5）失效模式影响和危害度分析法的主要缺点

失效模式影响和危害度分析法的主要缺点：只能识别单个失效模式，无法同时识别多个失效模式；除非得到充分控制并集中精力，否则研究工作不但耗时而且开支较大。

4.流程图分析法

TIMELINE INFOGRAPHICS

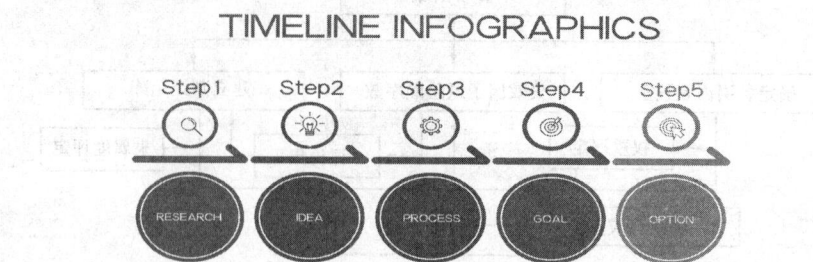

Step1　Step2　Step3　Step4　Step5

RESEARCH　IDEA　PROCESS　GOAL　OPTION

（图片来源：千库网）

1）流程图分析法的定义

流程图分析法是对流程的每一阶段、每一环节逐一进行调查分析，从中发现潜在风险，找出导致风险发生的因素，分析风险产生后可能造成的损失以及对整个组织可能造成的不利影响。

2）流程图分析法的适用范围

企业可用流程图分析法对生产或经营中的风险及其成因进行定性分析。

3）流程图分析法的实施步骤

根据企业实际绘制业务流程图；识别流程图上各业务节点的风险因素，并予以重点关注；针对风险及产生原因，提出监控和预防的方法。

4）流程图分析法的主要优点

流程图分析法的主要优点：清晰明了，易于操作，且组织规模越大，流程越复杂，流程图分析法就越能体现出优越性；通过业务流程分析，可以更好地发现风险点，从而为防范风险提供支持。

5）流程图分析法的缺点

该方法的缺点主要表现为使用效果依赖于专业人员的水平。

5.风险评估系图法

1）风险评估系图法的定义

风险评估系图法是用以评估风险影响的常见的定性方法。风险评估系图识别某一风险是否会对企业产生重大影响，并将此结论与风险发生的可能性联系起来，为确定企业风险的优先次序提供框架。

2）风险评估系图法的适用范围

风险评估系图法适用于对风险的初步定性分析。

3）风险评估系图法的实施步骤

风险评估系图法的实施步骤：第一，根据企业实际绘制风险评估系图。第二，与影响较小且发生的可能性较低的风险相比，具有重大影响且发生的可能性较高的风险更加需要关注。第三，分析每种风险的重大程度及影响。

4）风险评估系图法的主要优点和缺点

风险评估系图法的主要优点：风险评估系图法作为一种简单的定性方法，直观明了。

风险评估系图法的主要缺点：如需要进一步探求风险原因，该方法则显得过于简单，缺乏有效的经验证明和数据支持。

6.情景分析法

1）情景分析法的定义

情景分析法又称前景描述法，是假定某种现象或某种趋势将持续到未来的前提下，对预测对象可能出现的情况或引起的后果做出预测的方法。

2）情景分析法的适用范围

情景分析法适用于通过模拟不确定性情景，对企业面临的风险进行定性和定量分析。

3）情景分析法的实施步骤

首先，在建立了团队和相关沟通渠道，同时确定了需要处理的问题和事件的背景之后，下一步就是确定可能出现变化的性质；其次，对主要趋势、趋势变化的可能时机以及对未来的预见进行研究。

4）情景分析法的主要优点

情景分析法的主要优点表现为对未来变化不大的情况能够给出比较精确的模拟结果。

5）情景分析法的主要缺点

情景分析法的主要缺点：在存在较大不确定性的情况下，有些情景可能不够现实；在运用情景分析时，主要的难点涉及数据的有效性以及分析师和决策者开发现实情景的能力，这些难点对结果的分析具有修正作用；如果将情景分析作为一种决策工具，其危险在于所用情景可能缺乏充分的基础，数据可能具有随机性，同时可能无法发现那些不切实际的结果。

（七）风险管理的意义

1.有利于企业在面对风险时做出正确的决策，提高企业的应对能力

在经济日益全球化的今天，企业所面临的环境越来越复杂，不确定因素越来越多，科学决策的难度大大增加。企业只有建立起有效的风险管理机制，实施有效的风险管理，才能在变幻莫测的市场环境中做出正确的决策，提高应对风险的能力。

2.有利于企业经营目标的实现，增强企业的经济效益

企业经营活动的目标是追求股东价值最大化、利润最大化，但在实现这一目标的过程中，难免会遇到各种各样的不确定性因素的影响，从而影响企业经营目标的实现。因此，企业有必要进行风险管理，化解各种不利因素的影响，以保证企业经营目标的实现，增强企业的经济效益。

3.有利于促进整个国民经济的健康发展

企业是国民经济的基础，企业的兴衰与国民经济的发展息息相关。因此企业可以通过实施有效的风险管理，降低企业的各种风险，提高企业应对风险的能力和市场竞争能力，以企业的良性发展促进整个国民经济的健康发展。

案例分析

摩托罗拉陷入战略迷途

摩托罗拉在中国的市场占有率由1995年的60%以上跌至2007年的12%。20年前，摩托罗拉还一直是引领尖端技术和卓越典范的代表，享有着全球最受尊敬公司之一的尊崇地位。它一度前无古人地每隔10年便开创一个工业领域，有的10年还开创两个。成立80年来，发明过车载收音机、彩电显像管、全晶体管彩色电视机、半导体微处理器、对讲机、寻呼机、大哥大(蜂窝电话)以及"六西格玛"质量管理体系认证，它先后开创了汽车电子、晶体管彩电、集群通信、半导体、移动通信、手机等多个产业，并长时间在各个领域中找不到对手。

但是这样一家有着煊赫历史的企业，在2003年手机的品牌竞争力排在第一位，2004年被诺基亚超过，排在了第二位，而到了2005年，则又被三星超过，排到了第三位。

而在2008年5月，市场调研厂商IDC和战略分析公司Strategy Analytics表示，摩托罗拉可能在2008年底之前失去北美市场占有率第一的位置。摩托罗拉的当季报也显示，2008年第一季度全球手机销量下降39%，手机部门亏损4.18亿美元，与上年同期相比亏损额增加了80%。

为了夺得对世界移动通信市场的主动权，并实现在世界任何地方使用无线手机通信，以摩托罗拉为首的美国一些公司在政府的帮助下，于1987年提出新一代卫星移动通信星座系统——铱星。

铱星系统技术上的先进性在目前的卫星通信系统中处于领先地位。铱星系统卫星之间可通过星际链路直接传送信息，这使铱星系统用户可以不依赖地面网而直接通信，但这也恰恰造成了其系统风险大、成本过高、维护成本相对于地面也高出许多。整个卫星系统的维护费一年就需几亿美元之巨。

谁也不否认铱星的高科技含量，但用66颗高技术卫星编织起来的世纪末科技童话在商用之初却将自己定位在了"贵族科技"。铱星手机价格每部高达3000美元，加上高昂的通话费用，它开业的前两个季度，在全球只发展了1万用户，这使得铱星公司前两个季度的亏损即达10亿美元。尽管铱星手机后来降低了收费，但仍未能扭转颓势。

第一，迷失了产品开发方向。不考虑手机的细分发展，3年时间仅依赖V3一个机型。没有人会否认V3作为一款经典手机的地位，正是依靠V3，摩托罗拉2005年全年利润提高了102%，手机发货量增长40%，摩托罗拉品牌也重焕生机。尽管V3让摩托罗拉重新复苏，更让摩托罗拉看到了夺回市场老大的希望。然而，摩托罗拉过分陶醉于V3带来的市场成功。赛迪顾问研究显示，2005年以前是明星机型的天下，一款明星手机平均可以畅销2~3年，而过了2005年，手机市场已成了细分市场的天下，手机行业已经朝着智能化、专业拍照、娱乐等方向极度细分，而摩托罗拉似乎对此视而不见。在中国市场，2007年摩托罗拉仅仅推出13款新机型，而其竞争对手三星推出了54款机型，诺基亚也有37款。

第二，价格跳水快，自毁品牌形象。在新品跟不上的情况下，降价成了摩托罗拉提高销量不得不采取的手段。许多摩托罗拉的忠实用户把摩托罗拉的手机称为"（价格）跳水冠军"。以V3为例，从刚上市时的6000多元的高端时尚机型跌入4000多元的白领消费群，再到2000多元的普通时尚消费群，直到停产前的1200多元。短期的大幅降价让不少高端用户无法接受，同时也对V3的定位产生了质疑，其后果就是对摩托罗拉品牌彻底失去信任。

第三，推广没有突出卖点的产品。手机消费者在手机厂商的培育和自发发展下，需求变化日益飘忽不定。消费者对手机的要求已经不仅局限在外观方面，苛刻的消费者更多地开始关注手机的配置、功能特色等内在技术因素。以技术见长的摩托罗拉本不应在技术方面让消费者失望，但是现实还是让消费者失望了。从手机零售卖场那些列出来的一目了然的参数中，摩托罗拉的像素、屏幕分辨率、内存几乎都落后于诺基亚等竞争对手的同类机型。自从推出V3之后，摩托罗拉发布的绝大部分新品手机无论是U系还是L系，甚至是K系就再也抹不去V3的影子，尤其是其金属激光蚀刻键盘设计。V3的键盘设计的确经典，但再经典的东西被反反复复无数次拿出来用，也会引起消费者的视觉疲劳，甚至产生抵触情绪，尤其是对于那些换机用户。

（资料来源：个人图书馆网，2016年7月13日，有删改）

分析：摩托罗拉陷入战略迷途的原因（　　　）。

A.只看重规模扩张，管理层人员风险意识淡薄，缺乏风险识别的能力

B.企业快速成长，败于"铱星计划"

C.企业危机处理不当，导致风险失控，营销管理方法运用不当

课堂活动

题目："全面二孩"政策出台后有什么创业机会？

形式：接龙

目的：让学生分析"全面二孩"政策的创业机会，并分析其创业风险。

课后思考实践

1.分析不同企业风险管理方法的特点以及适用范围？

2.结合自己将要创办的企业，选取两种以上的风险管理办法进行风险控制管理分析。

第八章　创业政策法规

近年来，为鼓励高校毕业生自主创业，以创业带动就业，国家出台了一系列优惠政策。在新常态下，熟悉并掌握相关的创新创业政策法规，对在校大学生尤为重要。

通过本章学习，你将能够：

1.了解国家层面颁布的创新创业相关政策；

2.掌握申请创业补贴的流程和注意事项；

3.预测申请小额贷款过程中可能存在的风险。

第一节　创业相关政策

一、国家的相关政策

2014年，国务院办公厅发布《关于做好2014年全国普通高等学校毕业生就业创业工作的通知》（国办发〔2014〕22号，以下简称《通知》），出台多项优惠政策大力促进高校毕业生引领计划。《通知》规定，2014年至2017年，在全国范围内实施大学生创业引领计划，通过提供创业服务，落实创业扶持政策，提升创业能力，帮助和扶持更多高校毕业生自主创业。各地公共就业人才服务机构要为自主创业的高校毕业生做好人事代理、档案保管、社会保险办理和接续、职称评定、权益保障等服务。各地区、各有关部门要进一步落实和完善工商登记、场地支持、税费减免等各项创业扶持政策。

（一）注册资本登记制度改革

2014年2月7日，国务院印发《注册资本登记制度改革方案》（国发〔2014〕7号），决定从3月1日起在全国推行注册资本登记制度改革，实行注册资本认缴等级制。国家工商总局为配套改革实施决定同步启用新版营业执照。

新制度一方面实现了简政，放宽了注册资本登记条件，简化了登记材料，工商部门只登记工商认缴的注册资本总额，无须登记实收资本，不再收取验资证明文件。另一方面做到了放权，公司股东（发起人）获得四项权利：一是取消有限责任公司最低注册资本3万元、一人有限责任公司最低注册资本10万元、股份有限公司最低注册资本500万元的限制，也就是说理论上可以"一元钱办公司"；二是自主约定公司设立时全体股东（发起人）的首次出资比例，为因资金受限的特困人员、大学毕业生等弱势群体提供"零门槛""零首付"创业条件；三是自主约定出资方式和货币出资比例，对于高科技、文化创意、现代服务业等创新型企业可以灵活出资，提高知识产权、实物、土地使用权等财产形式的出资比例；四是自主约定公司股东(发起人)缴足出资的出资期限，最大限度地提高公司股东（发起人）资金使用效率。

新制度简化了住所（经营场所）登记手续。申请人提交场所合法使用证明即可予以登记。鼓励各地充分利用现有资源建设大学生创业园、创业孵化基地和小企业创业基地，为高校毕业生提供创业经营场所支持。高校毕业生创业无法提交住所（经营场所）产权证明的，可以提交市场开办者、各类园区管理委员会、村（居）委会出具的同意在该场所从事经营活动的相关证明，办理工商注册登记。

新制度还要求推行电子营业执照和全程电子化登记管理，实行全国统一标准规范的电子营业执照，为电子政务和电子商务提供身份认证和电子签名服务保障。电子营业执照载有工商登记信息，与纸质营业执照具有同等的法律效力。

（二）税收优惠

财政部、国家税务总局和人力资源社会保障部联合印发的《关于继续实施支持和促进重点群体创业就业有关税收政策的通知》（财税〔2014〕39号）规定，自2014年1月1日至2016年12月31日，继续实施《财政部　国家税务总局关于支持和促进就业有关税收政策的通知》（财税〔2010〕84号）所规定的税收优惠政策，同时完善了相关政策，进一步加大支持力度。

持"就业失业登记证"（注明"自主创业税收政策"或附"高校毕业

生自主创业证"）的高校毕业生在毕业所在自然年度（即1月1日至12月31日）从事个体经营的，3年内按每户每年8000元为限额依次扣减其当年实际应缴纳的营业税、城市维护建设税、教育税附加、地方教育附加和个人所得税。

（1）对高校毕业生创办的小型微型企业，按规定落实好减半征收企业所得税，月销售额不超过2万元的暂免征收增值税和营业税等税收优惠政策。

（2）留学回国的高校毕业生自主创业，符合条件的，可享受现行高校毕业生创业扶持政策。

（三）小额担保贷款和贴息支持

根据《通知》和由中国人民银行、财政部、人力资源社会保障部2008年联合发布的《关于进一步改进小额担保贷款管理 积极推动创业促就业的通知》（银发〔2008〕238号）规定：

（1）对符合条件的高校毕业生自主创业的，可在创业地按规定申请小额担保贷款。

（2）从事微利项目的，可享受不超过10万元贷款额度的财政贴息扶持，对合伙经营和组织起来就业的，可根据实际需要适当提高贷款额度。

（3）在电子商务网络平台开办"网店"的高校毕业生，可享受小额担保贷款和贴息政策。

（四）免收有关行业行政事业性收费

为贯彻落实党的十七大提出的"实施扩大就业的发展战略，促进以创业带动就业"的总体部署，全面实施《中华人民共和国就业促进法》的有关规定，国务院办公厅于2008年批转了人力资源社会保障部等11个部门联合发出的《关于促进以创业带动就业工作的指导意见》（国办发〔2008〕111号），明确提出：毕业2年以内普通高校毕业生从事个体经营（除国家限制的行业外）的，自其在工商部门首次注册登记之日起3年内，免收管理类、登记类和证照类等有关行政事业性收费。

（五）享受培训补贴

为充分发挥就业专项资金的作用，提高资金使用的安全性、规范性和有效性，《财政部 人力资源社会保障部关于进一步加强就业专项资金管理有关问题的通知》（财社〔2011〕64号）包含如下内容：对高校毕业生在毕业学年（即从毕业前一年7月1日起的12个月）内参加创业培训的，根据其获得创业培训合格证书或就业、创业情况，按规定给予培训补贴。进入"高校学生科技创业实训基地"创办企业，可享受减免12个月的房租、专业技术服务与咨询、相应的公共设施以及公共服务平台等优惠。

（六）落户优惠政策

《通知》要求取消高校毕业生落户限制（直辖市按有关规定执行）。省会及以下城市，应届毕业生凭"普通高等学校毕业证书""全国普通高等学校毕业生就业报到证"，与用人单位签订的"就业协议书"或劳动（聘用）合同办理落户手续；非应届毕业生凭与用人单位签订的劳动（聘用）合同和"普通高等学校毕业证书"办理落户手续。高校毕业生到小型微型企业就业或自主创业的，其档案可由当地市、县一级的公共就业人才服务机构免费保管。

国务院总理李克强在《2014年政府工作报告》中提到："坚持实施就业优先战略和更加积极的就业政策，优化就业创业环境，以创新引领创业，以创业带动就业。"通过"创业带动就业"，尤其是鼓励大学生创新创业，不仅是增加就业的一项手段，也是我国就业工作的一大亮点。对此，国家已在陆续推出相关的政策措施。如十八届三中全会就对就业创业工作做出明确部署，提出"完善城乡均等的公共就业创业服务体系""构建劳动者终身培训体系"等多项具体措施。这些具体措施将有助于推动"以创业带动就业"要求的快速落地。

二、四川省相关政策

（一）创业扶持政策

根据《四川省大学生就业创业扶持政策清单（2020年版）》规定，四川省普通高校大学生享受以下创业扶持政策：

（1）扶持对象。省内普通高等学校全日制在校大学生和毕业5年内、处于登记失业状态的普通高等学校全日制毕业生（含国家承认学历的留学回国人员）。服务基层项目的大学生同等享受大学生创业培训补贴和创业补贴。大学生村官、服务期满"三支一扶"人员可按规定享受创业担保贷款政策。省内高校就读的港澳台学生，以及毕业5年内、国家承认学历、在川创业的港澳台大学生，同等享受创业扶持政策。

（2）创业培训补贴。大学生可在常住地（在校生可在就读高校）参加创业培训并取得培训合格证的，可享受培训补贴。在校大学生可以利用周末、节假日和晚自习等时间，在40天内完成规定的培训内容。

（3）创业补贴。对大学生创业实体和创业项目，给予1万元补贴。领办多个创业项目，最高不超过10万元。创办家庭农场和农民合作社达到财政项目扶持条件的，优先纳入支持范围。

（4）科技创新苗子补助。采取"人才+项目"的方式，对大学生创新创业给予支持，其中，重点项目补助10万元/个，培育项目补助2万~5万元/个。

（5）省级创业大赛获奖项目前期孵化补助。对省级及以上相关部门（单位）组织的创业大赛获奖项目，进入前期孵化，可享受5万~20万元的补助。对参加"创客中国"四川省中小企业创新创业大赛暨"创客天府"创新创业大赛的获奖项目，除获得相应资金外，同时享受"投贷服"联动机制等帮扶措施。

（6）创业吸纳就业奖励。大学生创业实体吸纳就业并按规定缴纳社会保险费的，可向创业所在地公共就业服务机构申请一次性奖励。招用3人（含3人）以下的按每人2000元给予奖励，招用3人以上的每增加1人给予3000元奖励，总额最高不超过10万元。

（7）创业担保贷款贴息。大学生创业可申请贷款额度最高不超过20万元、贷款期限最长不超过3年的创业担保贷款。自2020年4月15日起，新发放创业担保贷款利率应适当下降，具体标准为：贫困地区（含国家扶贫开发工作重点县、全国14个集中连片特殊困难地区）贷款利率上限不得比贷款市场报价利率高2.5个百分点，其余地区贷款利率上限不得比贷款市场报价利率高1.5个百分点。对非贫困地区符合条件的个人创业担保贷款执行差异化的贴息政策；对贫困地区2021年1月1日前发放的符合条件的个人创业担保贷款，由各级财政部门在贷款期限内给予全额贴息，2021年1月1日起新发放的个人创业担保贷款，贷款市场报价利率扣减1.5个百分点的利息，由借款人承担，剩余部分由财政部门给予贴息，各级财政具体分担比例均与非贫困地区一致。

（8）青年创业贷款。创业大学生可向创业所在地市（州）团委申请额度不超过10万元、期限不超过3年的免息、免担保青年创业基金贷款，并配备一名志愿者导师"一对一"帮扶。在蓉在校大学生创业，可向省大学生创新创业活动中心申请。

（9）创业提升培训。对创办企业或从事个体经营的大学生，以及在大学生创新创业园区（孵化基地）内有创业项目的大学生，每年组织一定数量的人员免费参加全省"我能飞"大学生成功创业者提升培训。

（10）高素质农民培育。在项目区域内，将符合政策条件的从事农业就业创业的大学生纳入高素质农民培育计划。

（11）税费减免。自2019年1月1日至2021年12月31日，在人力资源社会保障部门公共就业服务机构登记失业半年以上且持"就业创业证"（注明"自主创业税收政策"或"毕业年度内自主创业税收政策"）或"就业失业登记证"（注明"自主创业税收政策"）的高校毕业生人员，从事个体经营的，自办理个体工商户登记当月起，在3年（36个月，下同）内按每户每年14400元为限额依次扣减其当年实际应缴纳的增值税、城市维护建设税、教育费附加、地方教育附加和个人所得税。纳税人在2021年12月31日未享受满3年的，可继续享受至3年期满为止。

（12）学分管理。高校将就业创业课程列入必修课或必选课，纳入学分管理。建立创新创业档案和成绩单，实施弹性学制、保留学籍休学创新创业等具体措施，优先支持参与创新创业的学生转入相关专业学习。设置合理的创新创业学分，建立创新创业学分积累与转换制度，设立创新创业奖学金。创业经历可作为实习经历，并可折算为实习学分。在符合学位论文规范要求的前提下，允许本科生用创业成果申请学位论文答辩。

（二）关于创业补贴

对大学生创业实体和创业项目，给予1万元补贴。领办多个创业项目，最高不超过10万元。创办家庭农场和农民合作社达到财政项目扶持条件的，优先纳入支持范围。

1.补贴对象

（1）省内普通高等学校全日制在校大学生（以下简称在校大学生）或毕业5年内、处于失业状态的普通高等学校全日制毕业生（含国家承认学历的留学回国人员，以下简称高校毕业生），在我省高校各类创新创业平台或地方建立的大学生创新创业孵化基地内领办且正在孵化的创业项目。

（2）2014年1月1日后，在校大学生或高校毕业生在我省通过工商注册、民政登记，以及其他依法设立、免于注册或登记等方式创办的实体。农业职业经理人，应经县级及以上人民政府指定部门认定并正常持续经营。开办"网店"的应符合以下条件：

①所开"网店"应依托国家商务部和四川省商务厅公布的电子商务示范企业设立的电子商务平台。

②所开"网店"应进行商品实物交易或开展文化创意、咨询设计等服务，正常持续经营半年以上（在校大学生应持续经营至毕业年度）。申请补贴前半年内商品实物成功交易在1000笔以上，开展文化创意、咨询设计等服务的，销售额度在2万元以上，无违法违规交易行为。

2.申报程序

1）申请

（1）申请人。在校大学生或高校毕业生个人领办且正在孵化的创业项目，由本人提出申请；创业团队领办且正在孵化的创业项目，由团队负责人以团队名义提出申请。创业实体由领办人提出申请。开办"网店"的在校大学生，应在毕业年度的3月31日前申请。

（2）受理机构。在高校创新创业平台内的创业项目和创业实体，由平台所属高校受理；在高校创新创业平台外的创业项目和创业实体，由创业所在县（市、区）公共就业服务管理机构受理。

（3）申请材料：

①由个人领办的创业项目应提供以下材料：本人学生证（毕业生提供毕业证和就业失业登记证）、身份证复印件，创业项目计划书，创业补贴申报表。

②由创业团队领办的创业项目应提供以下材料：团队负责人学生证（毕业生提供毕业证和就业失业登记证）、身份证复印件，创业项目计划书，创业补贴申报表。

③创业实体应提供以下材料：领办人学生证（毕业生提供毕业证和就业失业登记证）、身份证复印件，创业实体概述，创业补贴申报表，工商注册或民政登记证书复印件（开办"网店"的，应提供"网店"网址

和登记注册网页截图、支付平台收支明细、销售产品列表及单价等证明材料；农业职业经理人应提供县级及以上人民政府指定部门的资格认定和正常持续经营的相关材料；其他免于注册或登记的创业实体所需认定材料，由所在市、州人力资源社会保障部门会同财政等相关部门确定）。

2）审查

（1）在高校创新创业平台内的创业项目和创业实体，由平台所属高校牵头、所在市（州）人力资源社会保障部门参与初审，对创业项目应组织专家评估。初审完成后，在平台所属高校内公示7天。公示无异议的，由高校将申请材料、公示情况和初审意见等材料报教育厅。经教育厅汇总审核并送人力资源社会保障厅和财政厅复核，由人力资源社会保障厅会同教育厅、财政厅向高校出具审核意见。教育厅、人力资源社会保障厅和财政厅分别于每年5月和10月对申请材料进行集中审核、复核。

（2）在高校创新创业平台外的创业项目和创业实体，由所在县（市、区）公共就业服务管理机构初审。初审完成后，在创业所在地公示7天。公示无异议的，由公共就业服务管理机构将申请材料、公示情况和初审意见等材料报同级人力资源社会保障部门审核、财政部门复核。经人力资源社会保障部门、财政部门审核后，向公共就业服务管理机构出具审核意见。

3）资金拨付

（1）对高校创新创业平台内的创业项目和创业实体，由人力资源社会保障厅根据审核意见，向高校拨付资金，由高校组织发放。

（2）对高校创新创业平台外的创业项目和创业实体，由所在县（市、区）公共就业服务管理机构根据审核意见组织发放。

在校大学生和高校毕业生只能享受一次创业补贴。

（三）关于小额担保贷款

1.在校大学生的申报材料及办理程序

领办或创业实体（不含"网店"和农业职业经理人）的在校大学生，可向其就读高校提出额度不超过10万元、期限不超过2年的小额担保贷款申请。申报材料应附：领办人学生证和身份证复印件、小额担保贷款申报表、创业实体注册或登记证书复印件等。经高校集中审查并现场确认，由高校交所在县（市、区）公共就业服务管理机构按现行规定办理，由地方政府设立的担保基金提供担保。高校应为申请贷款的在校大学生提供反担保。经办银行应将在校大学生小额担保贷款单独统计，财政部门单独办理贴息资金清算。

2.开办"网店"的高校毕业生的申报材料及办理程序

开办"网店"的高校毕业生，可向创业所在县（市、区）公共就业服务管理机构申请小额担保贷款。进行工商注册的，按现行规定办理。未进行工商注册的，应提供"网店"网址和登记注册网页截图、支付平台收支明细、销售产品列表及单价等证明材料，以及按规定应提供的其他申报材料，并按现行程序办理。

（四）关于求职补贴

普通高等学校全日制毕业年级的残疾学生，申请求职补贴需提交本人身份证和残疾人证复印件、个人银行账号等材料。补贴标准、办理程序和经费渠道与城乡低保家庭毕业生求职补贴一致。低保家庭的残疾学生，不重复享受。

（五）关于创业培训补贴

高校对自主创业愿望强、有一定创业潜力和培训需求的在校大学生进行统计，并向所在市（州）人力资源社会保障部门提出培训需求。人力资源社会保障部门根据需求情况，制订年度在校大学生培训计划，并组织有资质的培训机构开展培训。大学生在校期间可享受一次创业培训补贴，补贴标准及办理程序按现行规定执行。

（六）关于社会保险补贴

对办理了失业登记的离校未就业高校毕业生，实现灵活就业并按规定缴纳社会保险费的，可向失业登记的公共就业服务管理机构申请社会保险补贴。申请时应提供以下材料：本人身份证、毕业证和就业失业登记证复印件，街道（乡镇）公共就业服务平台出具的灵活就业证明、社会保险缴费凭证等。申领程序、补贴标准、资金渠道比照就业困难人员灵活就业相关规定执行，补贴期限最长不超过2年。

▌课堂活动

　　目的：测试学生对大学生创新创业相关优惠政策的把握程度。

　　内容：同学A大学期间经营一家淘宝网店卖衣服，听说大学生开网店可以申请创业补贴，所以前往学校就业指导中心向老师B咨询相关的申报条件和注意事项。

　　形式：具体的场景信息自行设计，请有意向、感兴趣的同学上台角色扮演同学A和教师B。角色扮演结束之后，两位同学就角色扮演中创新创业政策的把握度互相点评，老师做最后的总结。

▌课后思考实践

　　1.国家层面针对大学生创业颁布了哪些具体的优惠政策？

　　2.四川省在校大学生可享受哪些创业扶持政策？

第二节　创业相关法律法规

一、创业相关主要法律

　　法律面前，人人平等。对大学生创业者而言，从企业设立，财务税收、人事管理，甚至破产倒闭，都需要严格遵守法律规定。大学生创业涉及的主要法律有以下几个方面。

　　（一）企业设立方面的主要法律

　　设立企业从事经营活动，必须到工商行政管理部门办理登记手续，领取营业执照，如果从事特定行业的经营活动，还须事先取得相关主管部门的批准文件，我国企业立法已经不再延续按企业所有制立法的旧模式，而是按企业组织形式分别立法，根据《中华人民共和国民法典》《中华人民共和国公司法》《中华人民共和国合伙企业法》《中华人民共和国个人独资企业法》《中华人民共和国中外合资经营企业法》《中华人民共和国中小企业促进法》等法律规定，企业的组织形式可以是股份制有限公司、有限责任公司、合伙企业、个人独资企业，其中以有限责任公司最为常见。企业成立时应该依据《中华人民共和国公司登记管理条例》等法规规范办理登记手续。

（二）企业发展方面的主要法律

企业设立后，与政府部门打交道最多的应该就是税务登记和财务方面的工作。其中涉及税法和财务制度，因此，创业需要了解企业要缴纳哪些税？不仅需要了解营业税、增值税、所得税的规定等，还需要了解哪些支出可以列为成本，开办费、固定资产怎么摊销等。聘用员工就涉及劳动法和社会保险的问题，需要了解劳动合同、试用期、服务期、商业秘密、竞业禁止、工伤、养老金、住房公积金、医疗保险、失业保险等诸多规定。企业发展过程中，还需要处理知识产权问题，既不能侵犯别人的知识产权，又要建立自己的知识产权保护体系，了解《中华人民共和国著作权法》《中华人民共和国商标法》《中华人民共和国专利法》对大学生了解著作权、商标、域名、商号、专利、技术秘密等各自的保护方法具有重要意义。

（三）其他常用的主要法律

与企业经营活动相关的法律很多，在创业初期，我们应当了解相关的法律，以确保合法经营，避免违法，保障自己应有的合法权益。以下是大学生在创业初期应当了解和关注的主要法律及其规范宗旨：

《中华人民共和国民法典》第三编《合同》：规范合同关系，约束合同双方，保证合同的遵守，维护双方利益，保障合同关系的稳定。

《中华人民共和国劳动法》：规范企业的劳动制度，保障企业员工的权益，保证劳资关系的和谐。

《中华人民共和国反不正当竞争法》：规范企业之间的市场竞争，保护企业的合法权益，惩治竞争中的不正当手段。

《中华人民共和国消费者权益保护法》：保护消费者的合法权益，规范企业的经营生产，保证企业的产品质量。

另外，《中华人民共和国票据法》《中华人民共和国会计法》等基本民商法律也是大学生创新创业必须了解的。还有一些法律是作为公民都需要了解的，而作为企业经营者则更应该了解，例如，《中华人民共和国民法典》《中华人民共和国刑法》《中华人民共和国民事诉讼法》。

二、创业相关主要法规

法规指国家机关制定的规范性文件，一般用"条例""规定""规则""办法"称谓。

如国务院制定和颁布的行政法规，省、自治区、直辖市人大及常委会制定和公布的地方性法规。省、自治区人民政府所在市，经过国务院批准的较大的市的人大及其常委会，也可以制定地方性法规，报省、自治区的人大及其常委会批准后施行。法规也具有法律效力。

对大学生而言，在开始创业前除了要了解创新创业相关的法律条文，还需要熟知国家以及各级政府部门针对创新创业所制定的相关法规、规章。

创办企业时，需要了解《中华人民共和国企业登记管理条例》《中华人民共和国公司登记管理条例》等工商管理法规、规章，有关开发区、高科技园区、软件园区（基地）等方面的法规、规章，以及有关地方规定，这样有助于选择创业地点，以享受税收等优惠政策。我国实行法定注册资本制，如果不是以货币资金出资，而是以实物、知识产权等无形资产或股权、债权等出资，还需要了解有关出资、资产评估等法规的规定。

创业者应该了解《中华人民共和国企业所得税法》《中华人民共和国增值税暂行条例》《中华人民共和国营业税暂行条例》《中华人民共和国税收征收管理法》等法规及税法和财务制度。企业聘用员工时涉及社会保险问题，需要了解《中华人民共和国社会保险法》《中华人民共和国工伤保险条例》《中华人民共和国最低工资规定》等法规。

课堂活动

题目："最强大脑"

目的：考查学生对创新创业相关法律的记忆量

内容：说出你知道的创新创业相关的法律名称

形式：邀请3位学生到台前，不能借助书本和电子设备，轮流说出一个跟创新创业相关的法律，说错或者不知道的学生则淘汰，坚持到最后的学生获胜。

课后思考实践

1.我们可以通过哪些途径了解和收集国家最新的创新创业相关法律法规？

2.如果你在创业过程中遇到资金问题，可以向哪些部门寻求帮助？

参考文献

[1] 蓝红星.创新能力开发与训练[M].成都：西南财经大学出版社，2014.

[2] 陈敬全，孙柳燕.创新意识[M].上海：上海科学技术出版社，2010.

[3] 牟顺海，王海军，马秋林.大学生创新创业指导[M].北京：现代教育出版社，2014.

[4] 王雁.普通心理学[M].北京：人民教育出版社，2002.

[5] 吴怀宇，程光文，丁宇，等.高校学生创新能力培养途径探索[J].武汉科技大学学报（社会科学版），2012，14（3）:334-336.

[6] 熊苹.职业生涯规划[M].长沙：中南大学出版社，2006.

[7] 陈德智.创业管理[M].北京：清华大学出版社，2001.

[8] 乔东.企业职工文化理论与实践[M].北京：中国工人出版社，2013.

[9] 张玉利，李新春.创业管理[M].北京：清华大学出版社，2006.

[10] 姜彦福，张帏.创业管理学[M].北京：清华大学出版社，2005.

[11] 丁栋虹.创业管理[M].北京：清华大学出版社，2006.

[12] 彭薇，王旭东.就业概论[M].北京：经济管理出版社，2002.

[13] 聂向山，王承训，蔡志民.创新教育与创新素质[M].成都：四川大学出版社，2001.

[14] 赵卿敏.创新能力培养[M].武汉：华中科技大学出版社，2002.

[15] 陈敏.创业指导[M].杭州：浙江大学出版社，2004.

[16] 韩江水.大学生创新能力培训教程[M].北京：中国矿业大学出版社，2005.

[17] 余华东.创新思维训练教程[M].北京：人民邮电出版社，2004.

[18] 段继扬.创造性教学通论[M].长春：吉林人民出版社，1999.

[19] 李善山.创新方法应用[M].上海：上海交通大学出版社，2002.

[20] 王洪忠，陈学星.创新能力培养[M].青岛：中国海洋大学出版社，2008.

[21] 曹莲霞.创新思维与创新技法新编[M].北京：中国经济出版社，2010.

[22] 王惠连，赵欣华，伊嫱.创新思维方法[M].北京：高等教育出版社，

2004.

[23] 张晓芒.创新思维方法概论[M].北京：中央编译出版社，2008.

[24] 迟维东.逻辑方法与创新思维[M].北京：中央编译出版社，2005.

[25] 余华东.创新思维训练教程[M].2版.北京：人民邮电出版社，2007.

[26] 孙洪敏.创新思维[M].上海：上海科学技术文献出版社，2004.

[27] 刘浩天.浅论大学生创新能力的影响因素及开发策略[J].社科纵横（新理论版），2012（1）：214-215.

[28] 谢玉芯.大学生创新能力培养与实验教学[J].考试周刊，2013（48）：169-170.

[29] 缪莹莹，周成.试论"项目实施"与大学生创新能力培养[J].文教资料，2013（17）：119-120,131.

[30] 宋京美.论大学生创新能力的培养[J].教育教学论坛，2012（28）：139-141.

[31] 段倩倩，侯光明.国内外创新方法研究综述[J].科技进步与对策，2012，29（13）：158-160.

[32] 余上坊.缺点列举法[J].科学启蒙，2004（7）：12.

[33] 俞崇武.渗透式组合创新法：抓住焦点闯四方[J].华东科技，2012（5）：37.

[34] 何景浩.逆向思维下的闹钟设计[J].设计艺术研究，2012，2（3）：50-53.

[35] 肖湘.缺点列举法的智慧泉眼[J].发明与革新，1998（9）：6.

[36] 郜林涛.发散思维与收敛思维探略[J].山西煤炭管理干部学院学报，2012，25（2）：48-50.

[37] 何文波，刘丽萍.基于缺点列举法的产品设计[J].河南科技大学学报（社会科学版），2006，24（2）：70-72.

[38] 刘彦平.注意培养学生的发散思维能力[J].当代教育论坛（教学研究），2011（9）：52-53.

[39] 王方华，吕巍.战略管理[M].2版.北京：机械工业出版社，2011.

[40] 彭剑锋.人力资源管理概论[M].上海：复旦大学出版社，2004.

[41] 劳埃德·拜厄斯，莱斯利·鲁.人力资源管理[M].李业昆，译.7版.北京：人民邮电出版社，2004.

[42] 郑晓明.人力资源管理导论[M].北京：机械工业出版社，2005.

[43] 王惠忠.企业人力资源管理[M].上海：上海财经大学出版社，2004.

[44] 董克用，叶向峰.人力资源管理概论[M].北京：中国人民大学出版社，2003.

[45] 胡八一.人力资源规划实务[M].北京：北京大学出版社，2008.

[46] 中国就业培训技术指导中心.企业人力资源管理师（三级）[M].2版.北京：中国劳动社会保障出版社，2007.

[47] 中国就业培训技术指导中心.企业人力资源管理师（二级）[M].3版.北京：中国劳动社会保障出版社，2014.

[48] 莫寰，张延平，王满四.人力资源管理：原理技巧与应用[M].北京：清华大学出版社，2007.

[49] 于桂兰，魏海燕.人力资源管理[M].北京：清华大学出版社，2004.

[50] 姚凯.企业薪酬系统设计与制定[M].成都：四川人民出版社，2008.

[51] 张文贤.人力资本[M].成都：四川人民出版社，2008.

[52] 王效俐，罗月领.情绪资本：人力资本的重要内容[J].科学管理研究，2007，25（1）：106-109.

[53] 付亚和，许玉林.绩效管理[M].3版.上海：复旦大学出版社，2014.

[54] 胡君辰，宋源.绩效管理[M].成都：四川人民出版社，2008.

[55] 许湘岳，邓峰.创新创业教程[M].北京：人民出版社，2011.

[56] 刘玉军.论大学生创新思维的培养方式[J].创新创业理论研究与实践，2018，1(6)：106-108.

[57] 凯瑟琳·埃尔金.教育的目的[J].李雁冰，译.教育发展研究，2016，32（18）：1-6.

[58] 周光礼.论高等教育的适切性：通识教育与专业教育的分歧与融合研究[J].高等工程教育研究，2015（2）：62-69.

[59] 刘海兰，武荷岚，顾牡，等.坚持教学模式改革培养卓越创新人才[J].中国大学教学，2012（12）：31-34.